後白河院

王の歌

五味文彦

山川出版社

はじめに

平安時代の末期、院政を行なったものの、二度にわたってその政治を停止され、それにもかかわらず、三十数年にわたって王として君臨した後白河院、また王の立場にありながら今様に耽溺したという、この異色の天皇については様々な評価があたえられてきた。

最も一般的な評価は、中世を切り開くにあたって重要な政治的な位置を占めた政治家であり、多くの勢力を相手に「権謀術数」を振るったとみるものである。他方で、政治のみならず多方面な活動を高く評価するが、その実態がよく摑みきれないために「偉大なる暗闇」といった形で不明瞭なままにされてきてもいる。さらにそれまでの王とは違う奇抜な行動から「中世を招いた奇妙な〝暗主〟」という評価もなされた。いずれにしても、今ひとつわからないというのが現状である。ではどうすればよいのか。

筆者もこれまで様々に試みてきた。たとえば後白河院は二つの大きな内乱を経験したことから、これを機軸にして考えた。保元《ほうげん》・平治《へいじ》の乱と治承《じしょう》・寿永《じゅえい》の乱については、それぞれを記した『保元物語』『平治物語』と『平家物語』があり、さらには歴史書『愚管抄《ぐかんしょう》』や日記『兵範記《へいはんき》』『玉葉《ぎょくよう》』も詳しく記していることから、それらから探ってみた。そこからは後白河院の政治的立場はわかったのだが、その無責任な動きを指摘するにとどまり、それ以上のことはよくわからなかった。

政治家であることから、他の政治家との関係からも探ってみた。後白河院を育てて皇位に押し上げた信西《しんぜい》、その院政を武家として支えた平清盛、鎌倉にあって武家政権を樹立し対抗した源頼朝、そして乱後の王朝政治を補佐した九条兼実《かねざね》など、院に大きな影響をあたえてきた政治家とのかかわりから考えたのである。この場合もそれぞれの政治家の動きを知るための材料が豊富にあって活用してきた。信西には『保元物語』『平治物語』、清盛については『平家物語』、頼朝には『吾妻鏡《あずまかがみ》』、そして兼実に『玉葉』といった具合である。

ただこのような政治史的把握を行なっても、院を外側から追う結果となったため、そこで角度を変えて院の生涯を見渡したところ、多くの女性によって彩られている点に注目し、それとの関係から探る方法も試してみた。院に影響をあたえた女院の存在から見たものである。女院とは、妃や内親王を院と同じように待遇したもので、摂関時代に藤原道長の政治を支援した姉の東三条院にはじまり、院政時代には多くの女院御所が誕生してその最盛期にあたっていた。女院の存在は政治的に重要のみならず、華麗な院政期の文化は女院御所を場として展開していたのである。

後白河院と女院との関係に注目してゆくと、第一に母の待賢門院《たいけんもんいん》がいる。白河院の養女として鳥《と》羽院《ばいん》の后になったこの女院は、若い時期の後白河院に決定的な影響をあたえた。次に、鳥羽院寵愛の后で、後白河院の子の守仁《もりひと》（後の二条天皇）を猶子とした美福門院《びふくもんいん》。後白河院が即位し、上皇になった際にも極めて重要な影響をあたえた。

第三は、後白河院が寵愛して高倉天皇を産んだ建春門院《けんしゅんもんいん》。清盛の妻の妹ということもあって、院と平氏を結ぶ存在としての政治的意味は大きく、その死とともに平氏と院との関係は微妙なものになり、混沌とした時代を迎えた。第四は、鳥羽院と美福門院との間に生まれた内親王で、膨大な荘園群を継承した八条院《はちじょういん》。平氏との関係が悪化した後に、平氏のみならず、頼朝との関係において重要な役割を果たした。

この方法を通じて、やっと後白河院の動きが見えてきたのであるが、それでも肉迫したとはいえない。さらに院個人の内部に迫るためにはどうしたらよいか。そうした時に改めて視野に入ってきたのが院の好んだ今様《いまよう》である。院の今様にかける情熱は異常ともいえるもので、単に今様を愛好して遊女らが謡うのを聞いたり、楽しんだりしたわけではなかった。国王の身でありながら自らが謡って直接に神仏との交流を持とうとしたのである。

しかも後白河院は『梁塵秘抄《りょうじんひしょう》』と『梁塵秘抄口伝集《くでんしゅう》』の二つの作品を著わしているのであれば、ぜひともここから出発しなければならない。なかでも後者は、自らが今様にかけた人生を語っており、いわば自伝としての要素も認められる。ならばそこから後白河院に迫ってみる必要があろう。

今様はその字義通り、現代風の歌謡であって、広く和歌や漢詩、朗詠、和讃《わさん》などの歌謡を取り込んで謡われてきた。『平家物語』の冒頭の「祇園精舎の鐘の音、諸行無常の響きあり」に始まる句は平家の盛衰を見事に物語っているが、これも今様として謡われた可能性は高い。このように、今様はあらゆる歌謡をとり込んで謡われてきた。今様は後白河院の人生そのものとも言ってもよい。その生涯を端的に謡っている今様をあげるならば、次の『梁塵秘抄』の二二二番になろうか。

狂言綺語《きぎょ》のあやまちは　仏を讃むる種として
あらき言葉も如何なるも　第一義とかにぞ帰るなる
（道理にあわぬ言葉や巧みに飾った言葉は誤ちではあるが、仏法を讃嘆する機縁となるもので、荒々しい言葉もどんな言葉でも、完全な真理に帰一するということだ）

これは唐の詩人白居易《はくきょい》の『白氏文集』の「香山寺白氏洛中集記」に見える「願はくは今生世俗文字の業を以て、狂言綺語の過、転じて将来世々讃仏乗の因、転法輪の縁と為らん」という句を朗詠に詠み（『和漢朗詠集《わかんろうえいしゅう》』）、それがさらに今様に謡われたものである。

後白河院はここに見える「狂言綺語」を通じて仏法の真理に到達しようとしたのであった。しかしこの時代には、そうした人物がほかにもいた。院と同時代を生き、鳥羽院に仕えた歌人の西行《さいぎょう》である。鳥羽院の北面《ほくめん》の武士から出家して和歌と仏道とを追い求めた人生を過ごしている。ただ後白河院の場合は西行とは違って、天皇となり上皇、さらには法皇となって、文化のみならず政治の世界に新たな地平を切り開いたのであり、その意味するところや重みは大きい。

院は今様をすべて諳《そら》んじていた。その今様を通じて院の物語を紡ぎ出す、これが本書の目指すところである。そこでまずは『梁塵秘抄口伝集』（以下、『口伝集』とする）に記された王の記憶をたどることから親王時代の動きを探ろう。続いて『口伝集』の記事に導かれながら、王の歌がその政治や人生にいかに影響してきたのかを探ってゆこう。院の記憶力は抜群であった。院を育てた信西は、院が「自ら聞こしめし置く所の事、殊に御忘却無く、年月遷ると雖も、心底に忘れ給はず」と語っていたという（『玉葉』）。さらに『口伝集』の記事がなくなってから後は、王の政治がいかに展開したのかを様々な史料を用いて考えてみたい。

なお本書に記す今様は『梁塵秘抄』刊本に共通する番号を用い、引用する史料の性格については、巻末の参考文献を見ていただきたい。

後白河院——王の歌——目次

Ⅷ　王の死

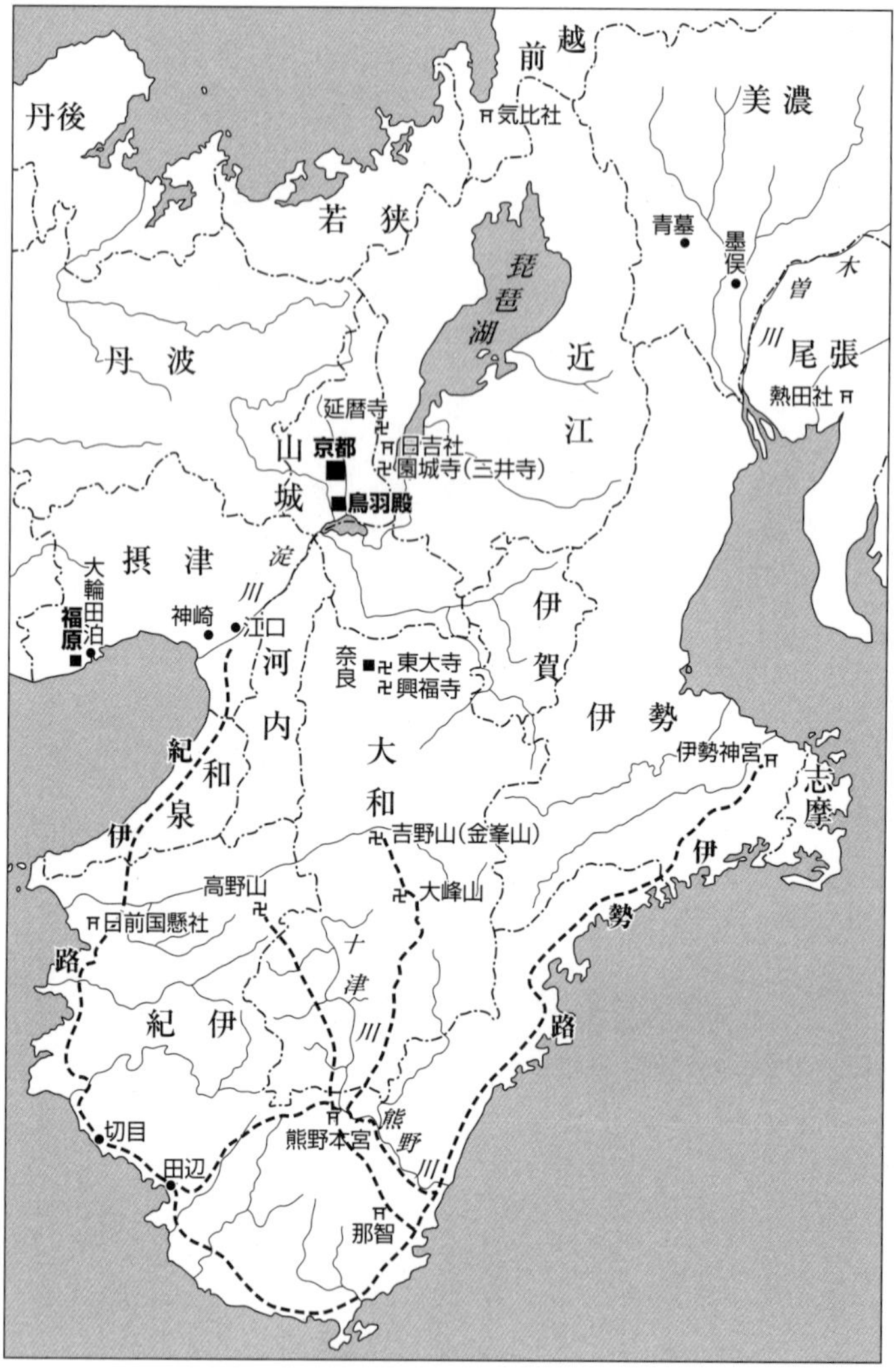
丹後
若狭
越前
気比社
美濃
青墓
墨俣
木曽川
尾張
熱田社
琵琶湖
近江
丹波
延暦寺
日吉社
園城寺(三井寺)
山城
京都
鳥羽殿
摂津
淀川
大輪田泊
福原
神崎
江口
河内
伊賀
奈良
東大寺
興福寺
伊勢
伊勢神宮
志摩
紀伊路
和泉
大和
吉野山(金峯山)
大峰山
高野山
日前国懸社
十津川
紀伊
伊勢路
切目
田辺
熊野本宮
熊野川
那智

畿内周辺と熊野道

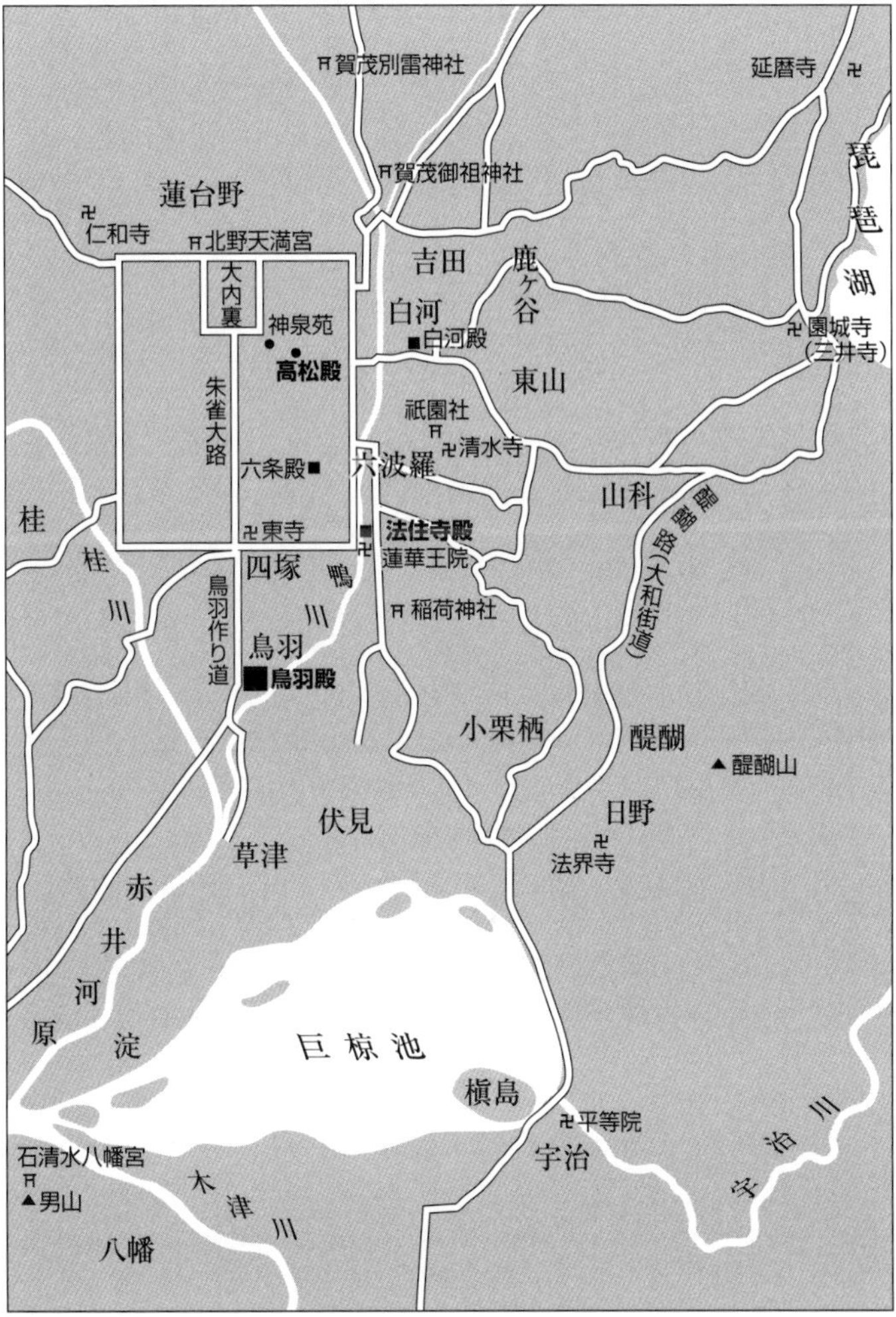
賀茂別雷神社
延暦寺
賀茂御祖神社
琵琶湖
蓮台野
仁和寺
北野天満宮
大内裏
神泉苑
高松殿
吉田
鹿ケ谷
白河
白河殿
園城寺（三井寺）
東山
朱雀大路
祇園社
清水寺
六条殿
六波羅
山科
醍醐路（大和街道）
桂
東寺
法住寺殿
蓮華王院
四塚
桂川
鴨川
稲荷神社
鳥羽作り道
鳥羽
鳥羽殿
小栗栖
醍醐
醍醐山
伏見
日野
草津
法界寺
赤井河原
淀
巨椋池
槇島
平等院
宇治
宇治川
石清水八幡宮
男山
木津川
八幡

平安京と宇治周辺図

カバー・（表）「安徳天皇縁起絵」（赤間神宮蔵）
（裏）「平治物語絵巻」（ボストン美術館蔵）

後白河院——王の歌——

Ⅰ　王の記憶

1　遊びをせんとや生まれけむ

生まれた頃

雅仁《まさひと》親王（後白河院）は鳥羽院と待賢門院《たいけんもんいん》璋子《しょうし》の間に第四皇子として大治二年（一一二七）九月十一日に生まれた。母は藤原氏閑院《かんいん》流の藤原公実《きんざね》の娘であるが、白河院の晩年の思い人であった祇《ぎお》園女御《んのにょうご》の養女となり、永久五年（一一一七）、白河院の猶子として鳥羽天皇に入内していた。祇園女御は正式の女御ではなかったものの、白河院の寵愛をえて白河の祇園に住んでいたので「祇園女御」とも、「白河殿」とも称されていたのである。

璋子が入内する一月前、白河院は祇園女御と璋子を連れて熊野詣に赴いているが、この熊野御幸は璋子が鳥羽院の后になることを祈ってのものであろう。続く元永二年（一一一九）十月の熊野御幸では大般若経の供養を行なっていて、この時の璋子は懐妊中だったので、その無事の出産を熊野の神に祈願したものであろう。やがて生まれたのが第一皇子、後の崇徳《すとく》天皇である。

このように白河院の熊野御幸には待賢門院への祈願にかかわるものが多く、七～九度目の熊野御幸には待賢門院のほかに鳥羽院も同行していたが、そのうち大治二年正月の三院の御幸には公卿が藤原経実《つねざね》など八人、殿上人も三十あまりが供をするという極めて大規模なもので、その年に生まれたのが雅仁親王である。すなわち雅仁もまた熊野に出産が祈られて生まれたのである。

　母の待賢門院も熊野三山に篤い信仰を寄せていたことは、保延元年（一一三五）六月に雅仁の弟の第五親王（後の覚性法親王《かくしょうほうしんのう》）の除病・延命のために作成を命じた願文にうかがえる。それには十か所の寺社に捧げる内容が記され、その多くが大般若経の書写供養に関するものであったのに対し、熊野についてのみは「熊野三所の宝殿」すなわち本宮・新宮・那智宮それぞれへの金字法華経の供養と、千人の僧に供養米をあたえる千僧供を行なうこと、さらに「七箇度の参詣」をも約束している（『長秋記《ちょうしゅうき》』）。

　熊野御幸には政治的な意味もあった。白河院が藤原忠実《ただざね》の摂関を解任するに際しては、その直前に熊野に赴いて断行しており、熊野御幸が政治的決断にかかわっていたことがわかる。雅仁が生まれた二年後の大治四年に白河院が亡くなると、鳥羽院は翌年十一月二十八日に熊野に向かい、少し遅れて出発した待賢門院とともに十二月二十二日に京に帰っているが、この時の

後白河院（「天子摂関御影」宮内庁所蔵）

熊野詣は鳥羽院が院政を行なうことを神に告げ、その納受を祈ったものであろう。

摂関家の忠実はこうした鳥羽院の頻繁な熊野御幸をいぶかしげに見ていたが（『愚管抄《ぐかんしよう》』）、鳥羽院は熊野詣を生涯に二十一回も行なったのである。このように熊野参詣を志した人々が愛唱したのが、次の二五六番歌であった。

熊野に参るには　紀伊路《きぢ》と伊勢路のどれ近し　どれ遠し
広大慈悲の道なれば　紀伊路も伊勢路も遠からず

白河・鳥羽両院の熊野御幸を通じて熊野参詣路が整備されてゆくなか、海路を経る伊勢路よりも陸路のみの紀伊路が広く用いられるようになっていった。若き平清盛《たいらのきよもり》が熊野詣の途中で船に飛び込んできた鱸《すずき》から出世を占われたのは伊勢路での出来事だったが（『平家物語』）、同じ清盛が平治の乱の勃発を聞いて引き返したのは紀伊路でのことであった（『平治物語』）。歌はそのいずれの道にあっても、慈悲を受けることには変わりがないと詠んでいる。

幼時の記憶

幼い雅仁が見聞したのは、飢饉と海賊・山賊の蜂起などの社会不安の広がりであった。鴨長明《かものちようめい》の『方丈記《ほうじょうき》』に、養和の飢饉の先例として引かれている長承・保延の飢饉が全国的におき、都には餓死者が溢れ、地方では海賊・山賊が横行し、武士の私合戦がおきると、それは都にも及んでいた。

その状況下で鳥羽院は目覚しく成長してきた武士たちを重用し、積極的に荘園を周辺に集めると、それにともなって院領荘園が増加し、その荘園を舞台に武士が台頭する事態も生まれていた。この時期の武士の台頭を象徴的に物語っているのが、平忠盛《ただもり》が昇殿をゆるされて殿上人となったことである。忠盛は西海の海賊の追討により勢力を西国に広げ、肥前の神崎荘などの院領荘園を知行して日宋貿易にもかかわって富を蓄積し、やがて備前守として千体観音堂（得長寿院）を造営した国司の賞としてついに長承元年（一一三二）三月十三日に内裏への昇殿をゆるされている。

これを聞いた右大臣の藤原宗忠は、「未曾有」のことと評したが（『中右記《ちゅうゆうき》』）、こうした貴族たちの反感をかった忠盛の昇殿を印象的に扱ったのが『平家物語』の冒頭を飾る殿上の闇討ち事件である。忠盛は貴族たちの反発をうまくかわし、これを契機に平氏が貴族の交わりを行なうようになった、というのが『平家物語』の意図したところである。事実、この昇殿は平氏の武家政権への階梯の第一歩となった。その三年後の保延元年（一一三五）には忠盛の長男の清盛が忠盛の海賊追討の賞の譲りを受けて従四位下に叙せられている。時に十八歳で、雅仁より九歳年長であった。

保延三年十二月、十一歳の雅仁の御書始が父母の列席のもとで行なわれ、次いで御遊と作文が行なわれたが、これは近代には稀なことであり、「良き例」と評されている（『今鏡《いまかがみ》』）。このことにもうかがえるように、雅仁には大きな期待が寄せられていた。実際、御書始では、儒者として知られた式部大輔藤原敦光《あつみつ》が侍読《じどく》を、尚復《しょうふく》を藤原資長《すけなが》がつとめていた。このほかにも関白の藤原忠通《ただみち》には漢詩文集『法性寺関白御集』があって、詩文に才を示し、雅仁を育てた藤原通憲《みちのり》（信西《しんぜい》）は数多の学問を修めるなど、雅仁の周囲には学問に造詣の深い人物が多くいたのだが、雅仁の心をとらえたのは学問ではなく今様であった。

今様は十一世紀に西国の遊女や東国の傀儡子《くぐつ》、若宮の巫女《みこ》を担い手に流行しはじめ、白河院の時代には都でも広くはやるようになっていた。『口伝集』は、白河院の近臣である監物《けんもつ》源清経や土佐守藤原盛実、修理大夫藤原顕季《あきすえ》らが遊女と交流して今様を都に広めたことを記し、なかでも顕季が桂川に沿った樋爪の地に墨俣《すのまた》や青墓《あおはか》の傀儡子を集めて様々な歌を謡わせたという話を特筆している。なお清経の娘が歌人西行《さいぎょう》の母である。

この時期、貴顕の子息たちは嵯峨の虚空蔵菩薩を本尊とする法輪寺に参籠し、学問を習得することを祈っていた。『今昔物語集』には、比叡山の僧が法華経を暗記するために参籠したところ、虚空蔵菩薩が女性に変身して僧の望みを叶えさせたという興味深い話が見えるが、雅仁がこの寺に籠って祈ったのは今様の習得であったろう。

何《いづ》れか法輪へ参る道　内野通りの西の京　其れ過ぎて

や　常盤林《ときはばやし》の彼方なる　愛敬《あいぎやう》流れ来る大堰河《おおいがわ》

法輪寺への道すがら、この三〇七番を謡ったことであろう。歌は「愛敬流れ来る大堰河」（遊女がたむろする桂川）に沿って所在する法輪寺に京から向かう道筋の風景を詠んでいる。

今様との出合い

雅仁の周囲には今様の愛好者が多かった。『口伝集』には、母の兄藤原通季が病気をこじらせた時、今様を謡ったところ、全快したという話が載っている。待賢門院に仕える院司には、今様の謡い手「目井《めい》」の弟子の藤原伊通《これみち》や、「さざなみ」を抱えていた藤原家成《いえなり》がおり、「ませのうちのしら菊の」という今様を謡うことで妻の気持ちを取り戻したという藤原敦兼《あつかね》も院司であった（『古今《ここん》著聞集《ちよもんじゆう》』）。

さらに女院の御所には神崎の遊女「かね」がよく出入りしていたという。東国の傀儡子という歌舞集団は美濃の墨俣や青墓を、西国の今様の担い手である遊女は摂津の神崎・江口を根拠地となし、宿や津などの交通の要衝を往来する人々を相手に今様を謡っていた。大江匡房《まさふさ》の『遊女記』は、淀川から河内国へと南下する人々は江口の遊女を、西国から上ってくる人は神崎の遊女を愛でていたと記す。次の四七五番は、淀川に船を浮かべて遊女たちが客らと遊ぶなかで詠まれたものである。

淀河の底の深きに鮎の子の　鵜といふ鳥に背中食はれてきりきりめく　憐《いとほ》しや

遊女はわが身の境遇を、鵜に背中を食われた鮎の子に見て哀れに思ってこう詠んだのであろう。切ない感じがよくうかがえる。これに対して客はどんな歌を謡ったであろうか。

盃と鵜の食ふ魚と女子は　法無きものぞ去来《いざ》二人寝ん

この四八七番のように、客はいたって能天気であったから、時に遊女を誘って戦さに出ることもあった。『口伝集』は、神崎の「とねぐろ」が西海に赴いた時に戦さにあって傷を負い、「今は西方極楽の」という今様を謡って往生を遂げた話を載せている。その時の歌が次の二三五番である。

我らは何して老いぬらん　思へばいとこそあはれなれ
今は西方極楽の　弥陀の誓ひを念ずべし

この歌に見えるような西方極楽浄土への往生の願いを専修《せんじゆ》念仏としてすくいあげたのが、この頃に生まれた法然《ほうねん》である。長承二年（一一三三）に美作《みまさか》国久米の武士・漆間《うるま》時国《ときくに》の子として生まれたものの、その館を襲った武士の手にかかって父を失い、出家を遂げるにいたった。この時期には、この法然をはじめとして栄西《えいさい》や重源《ちょうげん》などの新たな仏教の担い手たちが生まれている。

そうした社会情勢のなか、雅仁は保延五年（一一三九）に左大臣源有仁《ありひと》が加冠の役となって元服をとげた。長兄の崇徳《すとく》が天皇になっていたのにもかかわらず、それまで出家していなかったのは、兄二人が病弱であったためである。だが、その年のうちに鳥羽院寵愛の藤原得子《とくし》（後の美福門院《びふくもんいん》）に皇子（後の近衛天皇）が生まれ、翌年には崇徳にも皇子の重仁《しげひと》が誕生したので、雅仁の皇位継承の可能性は遠のいた。

それにもかかわらず出家しなかったのは、雅仁の乳母であった紀伊の夫高階通憲《たかしなのみちのり》（後に藤原に復姓）がその皇位継承を目指していたことによるであろう。学問に秀でて、鳥羽院・待賢門院に仕えるなかで政治への意欲を深めてきた通憲は、出世の壁にぶちあたったところで、大きな頼みとしたのが雅仁の皇位継承への望みである。この後、少納言を最後の官職として出家すると（信西）、その身を利用して鳥羽院の政治顧問となって、政治の中枢に入って栄達の道を追い求めていった。

その信西が鳥羽院の供をしてある所に行ったとき、唐人と通事も介さずに話をしていたので、それを見ていた院が、どうしてか、と問うたところ、もし唐への御使に遣わされる時のことを考え習っていた、と答えたという（『続古事談《ぞくこじだん》』）。

今様を好みて怠る事なし

もとより雅仁に天皇になろうという望みは薄く、この頃から今様に明け暮れ始めたらしい。『口伝集』に「そのかみ十余歳の時より今に至る迄、今様を好みて怠る事なし」と記している。春夏秋冬の四季にわたり、昼はひねもす謡い暮らし、夜はよもすがら謡い明かさぬ日はなかったという。

父の鳥羽院は管絃を好み、『古今著聞集《ここんちょもんじゅう》』に「鳥羽院、八幡に御幸ありて、御神楽おこなはれけるに、みづから御笛をふかせ給けり」と見えるように、笛を吹き舞楽にも大いに関心を示していて、それにかかわる説話が多く『古今著聞集』に見えている。その話には前関白の藤原忠実や崇徳上皇も登場していて、彼らも管絃歌舞を好んでいた。崇徳の場合はさらに和歌をもよくしていた。それらに対して今様は天皇にふさわしい芸能とは考えられておらず、信西は苦虫を嚙み潰して今様に狂う雅仁を眺めていたに違いない。

しかし雅仁は、同じく今様をも愛好していた和琴の名手である源資賢《すけかた》や、篳篥《ひちりき》の名手である藤原季兼《すえかね》が待賢門院に仕えていたのを呼び出したり、神崎の遊女「かね」が待賢門院に出入りしているのを招いたりして、今様に耽溺していった。終生、雅仁が今様に深くかかわるようになったのは、この母の影響によるところが大きい。母の御所のなかで、常にいる謡い手らを番《つがい》に組んで競って謡い、また雑芸集を広げて一人で謡い尽くすなどして、「声を破る事は三箇度」に及んだという。喉を潰した時、二度目まではさらに謡って声が出るまで謡い続け、喉が腫れて湯も通らなくなったのに、それでも無理して謡いつくしたという。

『口伝集』にはその名が記されていないが、今様の面で雅仁に大きな影響をあたえたと考えられるのが侍従大納言藤原成通《なりみち》である。『今鏡』は、成通が笛・歌・詩・蹴鞠《けまり》など何事にも優れていたが、「今様うたひ給ふ事、たぐひなき人におはしき」と、今様にはことに才を発揮したと述べ、碁盤に碁石を百置いて、麗しく装束して帯も解かずに「釈迦の御法は品《しな》じなに」の歌を、一夜に百返、百夜にわたり練習したという。その歌とは次の六五番である。

釈迦の御法《みのり》は品じなに　一実真如の理《り》をぞ説く
経には聞法歓喜讃《もんぽうかんぎさん》　聞く人蓮《はちす》の身とぞ成る

釈迦の教えは、それぞれの身分の人々に唯一絶対の真理を説いているので、経から仏法をよく知って歓喜し、讃えあうことで、聞く人は成仏するのだ、と信仰心を吐露した歌である。雅仁は成通に倣って百日、五十日の歌といった修練を積んだことであろう。また後年の雅仁の蹴鞠の腕からするならば、蹴鞠についてもその影響を受けたかと思われる。この時期の雅仁の今様三昧にふさわしい歌を『梁塵秘抄』の歌のなかから探すならば、それは最も著名な次の三五九番になろう。

遊びをせんとや生れけむ　戯《たはぶ》れせんとや生れけん
遊ぶ子供の声聞けば　我が身さへこそ揺《ゆる》がるれ

歌自体は、遊女の境遇を謡ったものとも、遊女とは限らずに老いた身や聖の身を詠んだものとも解釈されているが、今様は謡う人によってその響きや内容が異なって聞こえてくるものであり、遊女が謡えば、同じ遊びや戯れでも遊女のそれとしての響きをもち、雅仁が謡えば、全く違った響きをもって聞こえてくるわけである。

この時期の雅仁の今様修行には神崎の「かね」の影響が大きく、『口伝集』には、母の御所に通ってくる「かね」が帰るのを呼び止め、聞き習って謡い、「かね」が帰ってからも伴奏の鼓を鳴らしていたので、これには「かね」も、雅仁がいつ休むのかと呆れていたという。

2　遊び歩くに畏れなし

今様を求めて

康治二年（一一四三）に雅仁に最初の子守仁《もりひと》が生まれたが、すぐに妻が亡くなってしまい、また二年後の久安元年（一一四五）には母も亡くなるなど、相次ぐ不幸に見舞われた。『口伝集』は「火を打ち消ちて闇の夜に対《むか》ひたる心地して昏《く》れ塞《ふさ》がりて在し」状態になっていたと記すが、こうした時に雅仁を慰めたのも今様であった。

静かに音せぬ道場に　仏に花香《はなかう》奉り
心を鎮めて暫くも　読めば仏は見え給ふ

この一〇二番歌などを道場に籠って謡ったことであろう。その少し前のこと、鳥羽院は崇徳天皇に退位をせまって、「ことに最愛におぼしめし」ていた得子（美福門院）との間に生まれた近衛天皇を皇位につけていたが（『今鏡』）、それに失望した待賢門院が亡くなると、雅仁は兄の崇徳院の御所に同居するようになった。また近衛が病弱であったこともあって、得子は雅仁の子の守仁を引き取って育てることになった。

雅仁が同居した崇徳院は『詞《し》花《か》和《わ》歌集《かしゆう》』の撰集を命じるなど和歌を好んでおり、好みが違っていたのだが、雅仁は今様をやめるどころか、いっそうのめりこんでいった。

上達部《かんだちめ》・殿上人はいはず、京の男女、所々のはしたもの、雑仕、江口・神崎のあそび、国々のくぐつ、上手はいはず、今様をうたふ者の聞き及び、我れがつけてうたはぬ者は少なくやあらむ。(『口伝集』)

上は公卿から下は遊女や傀儡子に至るまで、広く身分の低い人々とも今様を通じて交流していったという。たとえば青墓の「さはのあこまろ」が上洛したのを聞くや、呼び出して習い、また「初声」の歌を聞こうとした時には、頼みこんで守仁の乳母坊門殿に連れてきてもらったが、崇徳上皇を憚り、押小路京極の堂で会い、通夜して謡わせることもあった。後年のことになるが、元暦元年(一一八四)六月に後白河院は手輿《たごし》で京の蒔絵師の家にふらりと入り、戯言《ざれごと》に菱縄で調備された蒔絵を見て、引出物として進めるように命じたことがあるが、こうした庶民との交わりは親王の頃からのものであった。

崇徳上皇は康治年間(一一四二~四四)に百首歌の詠進を歌人に命じ、久安六年(一一五〇)頃に進められて『久安百首』が成ったが、そのなかから『梁塵秘抄』に七首がとられている。そのうち待賢門院の女房堀河が詠んだのが次の歌である(四九九番)。

石清水流れの末ぞ頼まるる　心も行かぬ水屑《みくづ》と思へば

石清水八幡の神の恵みが広く及ぶことを讃えた歌である。これらの和歌が今様として謡われるようになるのには、雅仁の関与があったことであろう。今様ばかりでなく、他の芸能にも雅仁はかかわっていた。慈円《じえん》の『愚管抄』は、後白河院が行を積んで法華経を読む持経者《じきょうしゃ》となり、舞や猿楽も特に好んだ、と記しているが、早くからこの法華経や舞・猿楽なども学んでいた。

法華経に深い信仰を寄せていた母の影響を受け、姉の上西門院《じょうさいもんいん》も法華経を熱心に読む持経者だった。『口伝集』には、今様を謡えば「法華経八巻が軸々、光を放ち、廿八品の一々の文字、金色の仏に在します」と記され、また法華経二十八品の歌が『梁塵秘抄』に収められているように、法華経と今様との関係は深い。経を読む雅仁の心境は、次の一二三番の歌にうかがえる。

法華経読誦《どくじゅ》する人は　天諸童子《てんしょどうじ》具足せり
遊び歩くに畏《おそ》れなし　獅子や王の如くなり

法華経を読めば、「遊び歩くに畏れなし」と、自由を謳歌したのである。舞についても、「舞ひ遊びて、謡ふ時も有りき」「今様ばかりなる時もありき」と『口伝集』に記しており、舞と今様をともに行なうことも多かった。

よくよくめでたく舞ふものは　巫《かうなぎ》・小楢葉《こならは》・車の筒《どう》とかや
やちくま・ひき舞・手傀儡《てくぐつ》　花の園には蝶小鳥

このような巫女や傀儡の舞などを列挙した三三〇番歌もよく謡ったことであろう。

百大夫たち

貴族のなかで特に雅仁に大きな影響をあたえたのは、元服の際に加冠をし、後見となった「花園の左大臣」源有仁《ありひと》である。有仁は輔仁《すけひと》親王の子で後三条天皇の孫にあたるが、父の皇位継承がならぬなかで源氏姓をあたえられ、風雅の世界に生きた、まさに鳥羽院政期の代表的文化人である。「この大将殿は、ことのほかに衣紋を好み給ひて、上の衣などの長さ短さなどのほどなど、細かにしたため給ひて、その道にすぐれ給へりける」と、『今鏡』に見えるように、衣紋の道を好む源有仁が定めた装束は、鳥羽院との相談によって広められ、「肩当、腰当、烏帽子《えぼし》止め、冠止めなどせぬ人はなし」といわれるような流行が生まれたという。

肩当・腰当は衣類の肩や腰の部分の補強のために裏に入れた装身具、烏帽子止め・冠止めは烏帽子や冠を止めるための紐のことで、その風俗を詠んだのが次の三六八番である。

「扇面法華経」今様を謡う遊女（四天王寺蔵）

この頃都に流行《はや》るもの　肩当・腰当・
烏帽子止
襟のたつ型　錆《さび》烏帽子　布打の下の袴
・四幅《よの》の指貫《さしぬき》

都での衣装の流行が、萎装束《なえしょうぞく》から強装束《こわしょうぞく》へと転換してゆく様を詠んだもので、「襟のたつ型」は角張った襟、錆烏帽子の「さび」は烏帽子を強く塗ったことから生じた表面の皺、「布打の下の袴」は下にはく袴を布打ちで補強したもの。最後の「四幅の指貫」は、八幅を普通にしていた指貫に対して、短く細い仕立てのものである。

こうした流行の最先端をゆく有仁の邸宅には、「百大夫《ひゃくだゆう》」と称される、芸能に堪能な多くの五位（大夫）の人々が出入りしていた。その「百大夫」のなかには、琵琶の名手の「伊賀大夫」源信綱や、笛の名手の「六条大夫」基綱らがおり（『今鏡』）、さらに有仁から「汝を見つけ、猶道は絶えざりけり」と称されたという蹴鞠の名足の藤原頼輔《よりすけ》もその一人であったろう。頼輔は『蹴鞠口伝集』を著し、後に蹴鞠の家を起こすが、この時期はまだ五位であった。彼らが「百大夫」と称された点が興味深い。というのも遊女が男の愛を祈って祀った神も「百大夫」だったからである。三八〇番にはこう見える。

遊女《あそび》の好む物　雑芸・鼓・小端舟《こはしぶね》
おほかさかざし・とも取女　男の愛祈る百大夫

遊女の好む物を列挙した歌であるが、この遊女が信仰した「百大夫」に掛けて、彼らは百大夫と称されたのであろう。雅仁は有仁邸で彼らと交流して、芸能の世界に深くかかわり、久安三年（一一四七）に有仁が亡くなった後は、その跡を継承したことであろう。彼らを引き連れて、時に鳥羽殿や東三条殿などに押し寄せては芸能の会をもっていたのである（『口伝集』）。

いっぽう、雅仁は母の兄弟である中納言藤原季成《すえなり》の娘成子《なりこ》（後の高倉三位）の許に通って、久安三年・同五年に女宮（後の亮子《りょうし》と式子《しょくし》内親王）、久安六年に二宮（後の守覚《しゅかく》法親王）、仁平元年（一一五一）に三宮（後の以仁《もちひと》王）と、次々に子を儲けている。成子の家は遊び歩く雅仁の心の安らぎの場となっていたと考えられる。その子らを前にして雅仁が謡ったのはどんな今様であったろうか。

舞ゑ舞ゑ蝸牛　舞はぬものならば　馬の子や牛の子に蹴《く》ゑさせてん　踏み破《わ》らせてん
真に愛《うつく》しく舞うたらば　華の園まで遊ばせん

居よ居よ蜻蛉《とうばう》よ　堅塩《かたしを》参らん　さて居たれ　動《はたら》かで
簾篠《すだれしの》の先に馬の尾縒《よ》り合せて　搔《かい》附けて　童冠者輩《ばら》に繰《く》らせて遊ばせん

庭にいる蝸牛《かたつむり》や蜻蛉《とんぼ》を詠んだこの四〇八番や四三八番をしばしば謡ったに違いない。

中継ぎの天皇

雅仁が今様で遊び歩いていたころ、近衛天皇が病弱なために子が生まれなかったことから、皇位をめぐって確執が生じていた。崇徳上皇の子重仁親王を立てる動きと、美福門院の養子となっていた雅仁の子守仁を立てる動き、この二つが競いあうなか、さらにそれと密接に絡んできたのが摂関家の内紛である。

前関白の父藤原忠実《ただざね》と対立していた関白忠通《ただみち》は、仁平元年（一一五一）九月、父の寵愛している弟の左大臣頼長《よりなが》が近衛天皇の譲位を企んでいる、と法皇に訴え、さらにその翌年九月には天皇の眼病の悪化を理由に守仁への譲位を奏上している。すでに守仁は仁和寺《にんなじ》の覚性法親王の弟子として入室していたので、法皇はこの訴えを取り上げなかった。それでも忠通は、崇徳上皇を嫌っていた美福門院と結んで守仁の擁立へと動いたが、その動きを見て雅仁の皇位継承を策したのが信西《しんぜい》（藤原通憲《みちのり》）である。しかしこの頃の雅仁へのおおかたの評は、「イタクサタダシク御アソビナドアリテ」と、遊びに狂っているというものであって、鳥羽法皇の心象もよくなく（『愚管抄』）、天皇の器ではない、と見なされていた。

久寿二年（一一五五）七月二十三日、近衛天皇が十七歳の若さで亡くなると、知らせを受けた法皇は側近を召して、新帝を誰にするかを審議させた。だがすぐには決まらず、美福門院の娘八条院を推す意見も出されるなか、一日おいて、守仁の父の雅仁を立てることと定まり、皇太子に守仁が立てられた。父を差し置いて子を帝位につけるのはよろしくないとの信西らの意見が容れられたのである。

このようにして図らずも雅仁は中継ぎの立場として位についた。だがそれは雅仁にはとても窮屈なことだったに違いない。好きな今様も自然に途絶えてしまい、しかも中継ぎの立場が歴然としていたから、その後を廻って争いもおきはじめた。やがて聞こえてきたのが、頼長が近衛天皇を呪詛していたという風聞である。

そのころ、京を中心に社会には不穏な空気が流れていた。久寿元年から諸国では損亡がおき、四月には京中の児女が風流で身を飾って、鼓笛の音にあわせて「やすらい」の囃子で踊りながら、紫野の今宮社に向かう事件がおきた。翌久寿二年には飢饉となり、それとともに武士の活動が再び盛んになった。四月には源氏の武士為朝《ためとも》が鎮西で濫行を働いたとして訴えられ、その責任をとって父為義《ためよし》が解官《げかん》され、八月には東国に下っていた為義の子義賢《よしかた》が武蔵の大蔵でその兄義朝《よしとも》の子義平《よしひら》に滅ぼされる事件もおきた。

3　武者の好む物

武者の世

後白河が位についたその翌年の四月のこと、鳥羽法皇の病気が重くなり、五月頃から危篤の状態が続いた。それとともに生じた不穏な情勢から、久寿三年（一一五六）が保元元年に改元された五月、死を予期した法皇は源義朝・義康《よしやす》らの武士に祭文《さいもん》を書かせて臣従を誓わせ、禁中の警護を命じた。

『保元物語』によれば、法皇の生前の指示により内裏を守る警護の武士の名簿がつくられていたが、そのなかに平清盛《きよもり》の名がなかったところ、美福門院が特別に法皇の遺言であるといってその名を載せたという。清盛の亡き父忠盛《ただもり》が重仁親王の乳母夫であったという関係もあって、このままでは崇徳方につく可能性があっての措置だったらしい。

保元元年（一一五六）七月二日、ついに法皇が亡くなった。駆けつけた崇徳院は「法皇の御万歳の沙汰」により、面会が果たせず、後白河天皇もまた対面ができなかった。生前の指示に沿って葬儀は鳥羽院の執事別当であった藤原公教《きんのり》と信西とにより執行されたが、その三日後に上皇が頼長と同心して軍兵を発し皇位を奪おうとしているという噂が立ち、禁中の警護が強化され、検非違使《けびいし》らに京中の武士の動きを警戒するように命じられた。

こうした情勢にあって主導権をとったのが信西である。後白河を皇位につけたものの、あくまでもそれは中継ぎの天皇としてであったから、その不安定な立場を強固なものにする必要があった。そのためには実力によって存在感を示さねばならず、当面の敵対的勢力を実力によって葬るのがよい、と考えたのであろう。

七月八日、忠実・頼長父子が諸国の荘園から軍兵を集めているという噂があるのでそれを固く停止する、という内容の綸旨《りんし》（天皇の命令）が諸国に出され、それとともに源義朝が摂関家の東三条殿に派遣され、没官《もっかん》の措置を実行した。これによって頼長の氏長者の権限が否定され、上皇・頼長も対処せざるをえなくなった。当初から上皇や頼長に謀反の意思はなかったであろう。少なくともその兆候は全くなく、上皇の頼りとなる武力も少ないので、忠実や頼長も今の情勢を武力で覆そうとまで考えていたとは思えない。

ところが上皇が鴨川をはさんですぐの白河殿に入ったことから、上皇・頼長が兵をあげたという報が伝わって、軍勢が天皇の御所である高松殿に集められると、源義朝・平清盛・源頼政《よりまさ》らが集まって、雲霞のごとき軍勢に膨れ上がったという（『兵範記《へいはんき》』）。七月十日に清盛と義朝の二人を朝餉《あさがれい》の間に召し、合戦の方策を申すように命じると、その翌日に義朝が夜討ちを進言し、信西がそれを強く勧めたことから、進発したという（『愚管抄』）。天皇は手狭な高松殿からすぐ北の広い東三条殿に行幸し、こうして都は戦乱の巷となった。

マサシク王臣ミヤコノ内ニテカカル乱ハ鳥羽院ノ御トキマデハナナシ、カタジケナクアハレナルコトナリ（『愚管抄』）

やがて派遣軍が上皇の白河御所に火を懸けて落とし、上皇や頼長が逐電したとの報を聞いた天皇が高松殿に戻ると、そこに清盛以下の大将軍が帰参した。頼長は流れ矢に当たって死亡した。「日本一の大学生《がくしょう》」と謳われた頼長は武士の力をよく認識していなかった。上皇も仁和寺に逃れたものの、保護されてやがて讃岐《さぬき》に流されてゆく。乱の帰趨を決めたのは武士の力にあったのである。

保元元年七月二日、鳥羽院ウセサセ給テ後、日本国ノ乱逆ト云コトハヲコリテ後、ムサノ世ニナリニケルナリ（『愚管抄』）

日本国がこれ以後、「武者の世」となったというこの認識は、貴族層の衝撃の大きさを物語るものであり、時代はその方向へと進んで行くことになる。白河・鳥羽院政期を通じて、王権が優越してゆくなか、天皇家と摂関家とが天皇を介して対立を含みつつも連携するシステムが生まれ、また貴族の諸階層にも家が成立してきていたが、そうした政治や家の主導権をめぐる対立の激化を解決する道として武力が使われたのである。

後白河天皇はこの乱を通じて、天皇であることの意味を強く自覚し、武者の姿を間近に見て、武力のあり方をよく学んだことであろう。

武者の好む物　紺よ紅・山吹　濃き蘇芳《すほう》　茜・寄生樹《ほや》の摺《すり》
良き弓・胡籙《やなぐい》・馬鞍・太刀・腰刀　鎧・冑《かぶと》に脇立《わきだて》・籠手具して

武者の行粧《こうしょう》の様を詠んだこの四三六番歌を謡いつつも、天皇は彼らの力をどう扱うべきか考えたに違いない。

信西の指針

保元の乱が後白河天皇方の勝利に終わり、天皇の地位が安定すると、信西は天皇を前面に押し立てて政治を推進していった。その第一が、嵯峨《さが》天皇の時から途絶えていた死刑の復活である。清盛に六《ろく》波羅《はら》の辺で平忠貞（忠正）らを斬らせ、義朝に為義以下を船岡辺で斬らせたが、『百練抄《ひゃくれんしょう》』はこれを「信西の謀なり」と記している。このような公の死刑復活は、実力で敵対者を葬るという考え方を公的に認めたものであり、やがてその死刑を主張した信西自身が標的にされるとは何とも皮肉なことである。

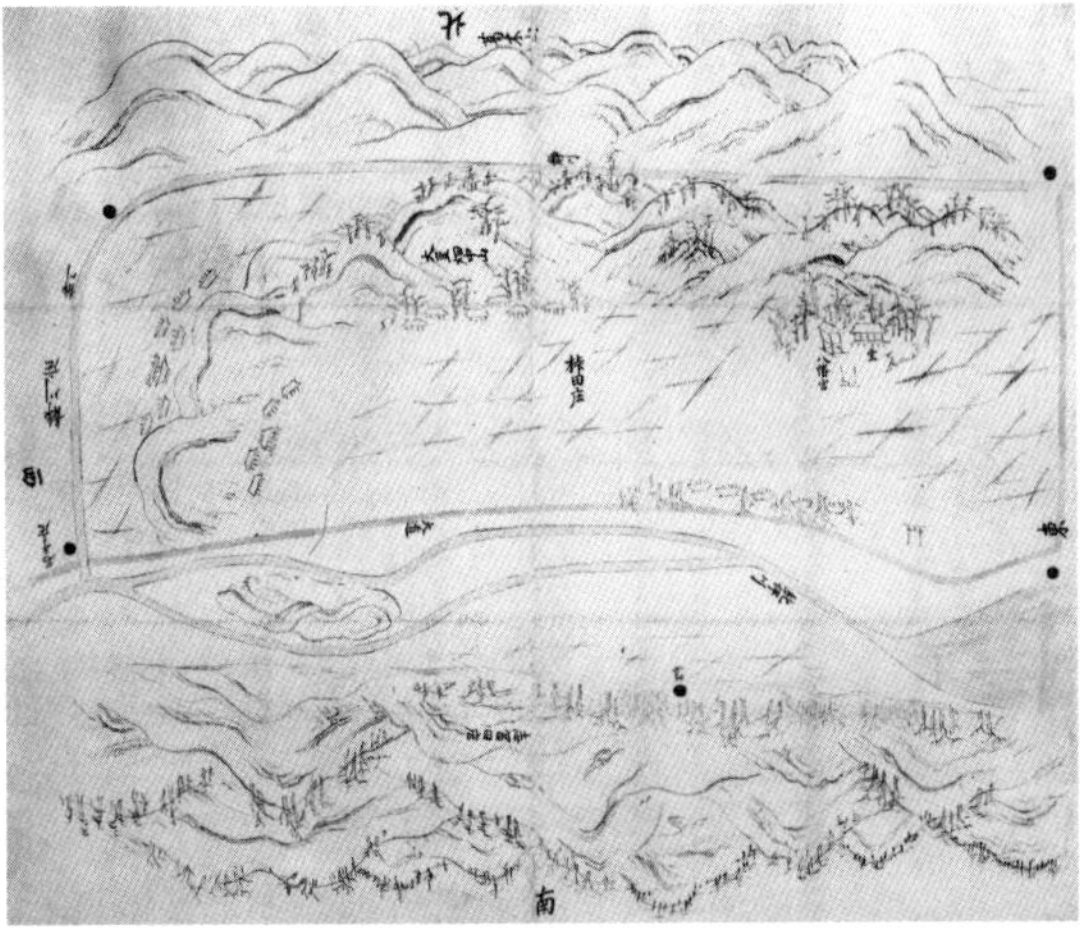

紀伊国桛田庄絵図（神護寺蔵）

　次に信西が行なったのは天皇の直轄領である後院《ごいん》領《りょう》の拡充である。後院領には肥前の神崎荘など重要な荘園があったが、ここに藤原頼長が知行していた金を年貢とする陸奥や出羽の荘園などの保元の乱での没収所領を編入した。鳥羽院から譲られた荘園が少なかった後白河天皇の経済の充実が図られたのである。

信西がことに力を尽くしたのが国政改革であって、その第一弾として荘園整理令を軸とした新制（公家法）を発布している。保元元年（一一五六）閏九月十一日に出した七か条の新制の第一条にはこう記されている。

九州の地は一人のたもつところなり。王命のほか、何ぞ私威を施さん。

こう宣言して、「九州の地」（全国）が天皇の支配に服すべき王土であると主張し、荘園整理の断行を命じたのである。鳥羽院政の時代には出されることのなかった全国的な荘園整理令をこの時期に出したのは、荘園が広く全国に生まれ、多くの争乱がおき、諸国では国務の遂行をめぐって紛争が生じていたからである。整理の具体的内容は二つからなり、一つは天皇が践祚した久寿二年（一一五五）七月二十四日以後に立てられた荘園を停廃すること、もう一つはもともと免除されていた土地以外の加納や出作による荘園を停止することであった。

これまでの荘園整理令が延久《えんきゅう》令の整理基準に基づいていたのと比べれば、大きな転換がなされたわけで、現実の動きにあわせながら、成立した荘園についても天皇の支配の下に組み込もうとしたのである。王権の下に諸権門を統合し、その命令に従わせようという政策であったが、このことは

第三条以下で神人《じにん》や悪僧を取り締まり、諸山・大社の荘園や神仏事を保護し統制している点にも示されている。白河・鳥羽の両院政期に生み出されてきた方向性が国政として示されるに至ったもので、その枠組みの中で以後の政治は推移することになった。

こうして新たな国政の方針を示すと、その実現のために記録所を設け、首席の公卿（上卿《しょうけい》）には大納言の藤原公教をあて、上卿の下で実務を担当する弁には、守仁親王の乳父の右中弁藤原惟方《これかた》、能吏の左少弁源雅頼《まさより》、信西の子の右少弁藤原俊憲《としのり》らを任じ、さらに事務官にあたる寄人《よりうど》には文章博士や算博士、明法博士、外記、史などの諸道から選んだ。この記録所は荘園領主から提出された文書の審査のみならず、本所間の争いの裁判をも扱うようになった。

大内裏再興

戦乱の地となった都の整備もはかられた。「都の大路をも鏡のごとく磨きたてて、つゆきたなげなる所もなかりけり」（『今鏡』）とあるように、「京中兵仗の停止」、すなわち武装して都を横行することを禁じ（『百練抄』）、東西の大路と大路の間を管轄する保検非違使《ほうけびいし》（保官人《ほうかんじん》）を置いて、行政・裁判制度を整備していった。

翌年六月の祇園社の御霊会では、保元の戦乱の影響によって調進されなくなった馬長《うまおさ》を補うために、祭礼経費の負担を京中の有徳人（富裕者）に課す馬上役《ばじょうやく》という制度を導入している。これ以前、白河院は祇園御霊会の興行にことに力を入れ、殿上人や受領《ずりょう》に命じて馬長（童の騎乗行列）や田楽・田植女などを調進するようにしたが、ここでは広く民間の力も利用して華やかさを演出するようにしたのである。

さらにこの年に信西は「公事は大内こそ本なれ」（『今鏡』）ということから、大内裏《だいだいり》（宮城）の復興に取り組んだ。『愚管抄』が「メデタクメデタク沙汰シテ、諸国七道スコシノワヅラヒモナク、サハサハトタダ二年ガ程ニツクリイダシテケリ。」と語っているように、信西の寝ずの努力により、諸国の国力に応じた費用が割りあてられて造営が果たされている。

保元二年（一一五七）十月にその大内裏が完成して行幸があったが、このことについて『今鏡』は「中ごろ、かばかりの政なきを、千代に一度澄める水なるべし」と人々が思ったと記し、皇后や中宮、東宮やその女房たちが殿舎をあたえられたさまを述べ、「近き世には、里内裏にてのみありしかば、かやうの御すまひもなきに、いとなまめかしう、めづらかなるべし」と、その華やかさを讃えている。殿舎や門の額の字は関白忠通が書き、宮の造営などにかかわった七十二人の位があがったが、そのなかには信西の子成憲《しげのり》（後に成範）・脩憲《ながのり》（後に修範）や、平氏の播磨守清盛（代わりに重盛）、安芸守頼盛《よりもり》、淡路守教盛《のりもり》、常陸介経盛《つねもり》、源氏の下野守源義朝がいた。平氏はすでに四か国を知行して経済力が抜群であったことがわかる。

この都の姿を見た「催馬楽《さいばら》の長者」の源資賢《すけかた》は、平安京が造営された際に大内裏から真っ直ぐ南に行く朱雀大路に沿って植えられた青柳の盛んな様を詠んだという、次の催馬楽「大路」を謡ったことであろう。

大路《おおじ》に沿ひ上れる青柳が花や　青柳が花や
青柳がしなひを見れば　今盛りなれや　今盛りなれや

大内裏への行幸があった十月八日には再び新制が出され、今度は三十か条にも及ぶ長大なものである。残念ながらその全容は明らかでない。ただ後の新制に継承された条文から見てわかるところでは、公事や行事の整備を基本とし、規律の緩んだ官人の綱紀を正すことが図られたもので、前年の新制と並んで国政の在り方に対する指針が示されたのである。

二つの新制はその後の国制の枠組みを示した点で重要な意味をもつ。後の文治三年（一一八七）に後白河法皇は「通憲法師の申す事等、あらあら耳底に留む」と、九条兼実《かねざね》に語っており（『玉《ぎょく》葉《よう》』）、信西の死後、天皇はその信西の示した方向に沿って進んできたという。いっぽう信西は、後白河について、愚昧な天皇ではあるが、「自ら聞こし食《め》し置く所の事、殊に御忘却無く、年月遷ると雖も、心底に忘れ給はず」といった徳があると語ったという（『玉葉』）。聞いたことを絶対に忘れなかったこの天皇は、信西の指針をよく守るべく努力したものと考えられる。

行事と絵画

大内が整備されるとともにそこで執り行なわれる行事も再興されていった。まず大極殿で造内裏仁王会《にんのうえ》を行い、十日に大内遷幸、十五日には旬《しゅん》、さらに五節《ごせち》などと行事が続き、二十七日には天皇の乳母の紀伊典侍《ないしのすけ》（信西の妻）が八十島祭《やそしままつり》の使者として出発している。この祭りは摂津の難波津《なにわづ》で天皇の衣に「大八洲の霊」を付ける神事であった。

十一月になると、断絶していた漏刻器が置かれるなど、次々に華麗な行事・公事が再興されてゆくが、その最たるものが翌年正月の宮中の華麗な内宴の復興である。内宴とは九世紀の弘仁年間（八一〇〜二四）に始まった天皇主催の私宴のことで、十一世紀初頭の長元年間（一〇二八〜三七）には途絶えていたものを復活させたのである。保元三年（一一五八）正月二十二日、出御した天皇に「春は聖化の中に生まる」の題で文人が漢詩を献上し、その披講がなされると、続いて管絃・舞などの御遊が華やかに行なわれている。

内宴が途絶えていた大きな理由は、貴族による詩文の力が衰えたことや、内教坊《ないきょうぼう》の舞姫が衰退したことによるものであり、この二つを愛好していた信西が復活を図ったのである。しかし漢詩は何とかなったもの、舞姫はすぐには間に合わず、仁和寺《にんなじ》の童による童舞で初度は補い、翌年正月二十一日の内宴までに舞姫を育成して実現させたが、この内宴の華麗で上品な様は「陽台の窈窕《せっちょう》」と評された（『百練抄』）。初度の内宴で今様を謡った天皇は、保元三年五月二十九日に舞姫十二人を育成中の内教坊を視察するなど、二度目も積極的にかかわっていた。

こうして復活・興行がなされた公事や行事は絵にも描かれた。保元三年四月に行なわれた鳥羽殿での競馬《くらべうま》は、通常の競馬が近衛の随身によるものであるのに対し、中納言藤原伊実《これざね》や宰相中将藤原信頼《のぶより》、参議源師仲《もろなか》、蔵人頭藤原顕長《あきなが》・同惟方《これかた》らの「月卿雲客《げつけいうんかく》」（公卿・殿上人）による十番の勝負で、鼓を大納言藤原経宗《つねむね》、鉦《かね》を中納言藤原実定が担当するという豪華なものであったが、それを描いたのが『保元城南寺競馬』である。

城南寺は鳥羽殿の鎮守「鳥羽城南寺明神」のことで、その祭りである「城南寺明神御霊会」には競馬や流鏑馬《やぶさめ》などの武芸が奉納されていたのである（『中右記』）。この鳥羽の城南寺の祭礼を謡った今様に次の四三九番がある。

いざれ独楽《こまつぶり》　鳥羽の城南寺の祭見に　我は罷《まか》らじ怖しや　懲《こ》り果てぬ
作り道や四塚に　あせる上馬《あがりうま》多かるに

童と独楽の掛け合い風に作られており、童が独楽に向かって、鳥羽の城南寺の祭り見物を誘うと、それに対して独楽が、作り道や四塚に跳ね上がる馬が多いので行かない、と答えている。作り道は羅城門から真っ直ぐに鳥羽殿につながる道である。天皇は親王時代にこの道を通り、歌をよく謡ったことであろう。

同年六月二十七日には保安年間（一一二〇～二四）以来行なわれていなかった相撲の節会《せちえ》も、天皇の出御の下で開かれており、それを描いたのが『保元相撲図』である。これも現物は残っていないが、『年中行事絵巻』に載る内宴の図は、内宴そのものが保元四年をもって途絶えてしまったため、そこに描かれている図が保元復活度のものとわかる。

これらの絵は国の姿を見える形で提示することを目的としており、戦場となった都が王の下で復興したことを貴族や武士たちに見せることで、王への従属を促そうとしたのである。

Ⅱ　王の歌

4 君をも民をも押し並べて

今様の継承

後白河天皇は保元二年（一一五七）二月六日に内裏で尊勝陀羅尼《そんしょうだらに》の供養を行なって「希代の例」と称されたのを始め、五月に七宝御塔の供養、法華懺法《ほっけせんぽう》を行なうなど、次々と仏教行事を内裏で行なった（『百練抄《ひやくれんしょう》』）。親王の時からの熱心な仏教信仰をそのまま内裏に持ち込んだのである。『愚《ぐ》管抄《かんしょう》』は、後白河院が出家前から袈裟を着て護摩を焚くなど仏道に心を染めていた、と語っているが、それはすでにこの時期から始まっていたわけである。

真言教のめでたさは　蓬窓宮殿《ほうそうくでむ》隔てなし
君をも民をも押し並べて　大日如来と説いたまふ

この時期の天皇の思いは、ここにあげた四五番の歌にうかがえよう。真実の教えには貴賤の身分や場の隔てがなく、君も民も皆おしなべて大日如来を信じるのである、と謡っている。

ついで、保元の乱を経て自らの力のあり方を自覚し、その意思を示しはじめた天皇は、即位とともに謡わなくなっていた今様も始めるところとなった。「保元二年の歳、乙前《おとまえ》が歌を年頃いかでか聞かむと思ひし物語をし出たりしに、信西入道《しんぜい》是を聞きて、尋ね候はむ」（『口伝集《くでんしゅう》』）とあるように、天皇が、遊女の乙前が謡うのを聞きたいものだ、と話をしているのを聞いた信西《しんぜい》が、乙前を紹介したのを契機に再び今様を謡うようになったという。

こうして王の歌は乙前の今様を継承することから始まった。乙前は今様の祖といわれる宮姫の正統な系譜を引く「四三《しさん》」の弟子「目井《めい》」の子であり、この数年前には出会ってはいたのだが、その後、連絡が途絶えていた。天皇がその乙前を召すと、乙前は「皆忘れ候」「その様いと見苦し」などと称して、来るのを嫌っていたというが、度々の催促によりついに保元三年正月十日にやってきた。

そこで天皇は内裏である高松殿の常の御所に乙前を招き、人を退けて今様の談義を行ない、ともに謡ったり聞いたりしているうちに、ついには女房の局に据え置くようになり、本格的に今様を習うところとなったという。二人の交流は十年余に及び、天皇は正統な今様の流れを受け継いだことで、それを殿上の芸能としていった。天皇の行動が今様の地位を引き上げたばかりか、今様を殿上の芸能へと昇格させたわけである。

殿上での今様の談義には、乙前（五条殿）のほかにも、小大進《こだいしん》、さはのあこまろ、延寿、たれかは、あこ丸が女らなどの遊女も招かれ、近臣たちも列席したので、今様を通じて近臣たちとの結びつきも深まった。さらに天皇は「世の中の狂ひ者と申て、みこ・かうなぎ・舞・猿楽のともがら」などをも召して側に置いたといい（『愚管抄』）、様々な芸能の人々を召すようになった。

蹴鞠《けまり》も自ら行なった。保元三年正月に弘徽殿《こきでん》の東庭に切立《きりたて》を設けて鞠会を開き、自ら鞠場に「おりたたせ給ふ」ことがあったといい、さらに保元四年三月に、高松殿の北中門内の切立で開いた鞠会には「時に名を得たる人ども」を召したが、この時には六十三歳の藤原成通《なりみち》に蹴鞠の作法を尋ね、自ら鞠場に立ち、成通との間で鞠の御談義があったという。

このことを記しているのは藤原頼輔《よりすけ》の『蹴鞠口伝集』であるが、頼輔は藤原忠教《ただのり》の子で、母が地下《じげ》の蹴鞠の家の賀茂氏の出身であったことから蹴鞠を得意とするようになり、成通からも蹴鞠を習い、鞠会に召されたのである。頼輔は成通が後白河の鞠の腕について「まめやかに上手におはしまさん」と評しているのを聞き、また「御身に添ふ鞠こそ第一にめでたかれ」という技術にも長けている、と高く評価していたのを聞いている。

今様も蹴鞠も天皇自らが行なう芸能としてこよなく愛したのであり、こうした芸能への関心が広がってゆくなか、保元四年九月十六日には、天台宗の延暦・園城両寺の僧たちを院御所に招いて雑芸の会を開いている。彼らが延年と称される雑芸の会を修正会《しゆしようえ》など正月を中心とした寺院で開いていたことから、それを御所で披露させたものである。

男のおぼえ

信西が天皇を正面に立てて政治改革を進め、天皇の芸能への関心がいっそう広がるなか、動いたのが美福門院《びふくもんいん》である。即位についてはやむなく認めたものの、乱を経て二年後の八月に東宮守仁《もりひと》親王の即位を要求し、信西に詰め寄ったらしい。その事情を伝えるのが『兵範記《へいはんき》』保元三年（一一五八）八月四日条に見える次の記事である。

御譲位の間の事と云々。近日にわかにその儀出来か。ただ仏と仏との評定、余人の沙汰に及ばざるか。

天皇の譲位の件が突然にもちあがって、天皇の使者が関白忠通《ただみち》の許にやって来て伝えた内容を、摂関家の家司の平信範が記したもので、譲位はただ「仏と仏との評定」により決まったのであって、余人の関与はなかったという。ここに見える「仏」とは出家者をさし、譲位にかかわる二人の出家者といえば、信西と美福門院の二人をおいてほかにはいない。

美福門院は鳥羽院が亡くなる直前に出家していて、天皇はこの年正月の朝覲《ちょうきん》行幸（天子が父母の許へ行幸すること）に美福門院の白河押小路御所に赴いている。その美福門院と信西との話し合いによって譲位が決まった、というのがこの記事の意味するところである。おそらく後白河が院政を行なって政治の実権をそのまま握ることを条件に信西も譲位を認めたのであろう。

後白河自身は何かと規制の強い天皇よりは、上皇になることに異存はなかったと思われる。上皇になれば城外にも自由に出ることができた。八月十日に二条天皇に譲位すると、院庁を開き、院の北面に芸能の輩を組織していったが、それとともにこの時期から、上皇に引き上げられた人々が大きな勢力をもつようになった。

サル程ニ又北面ノ下臈《げろう》ドモニモ、信成・信忠、為行・為康ナド云者ドモ、兄弟ニテ出キナドシケレバ、信頼ハ中納言右衛門督マデナサレテアリケル（『愚管抄』）

こう記されるように、御所に場を得た平信成・信忠兄弟や藤原為行・為康(為保)兄弟のような北面の人々、諸大夫の身でありながら中納言・検非違使《けびいし》別当にまで昇進した藤原信頼《のぶより》といった近臣が台頭してきたのである。上皇になって初めての御幸の供には、殿上人が三十余人のほか、信頼が検非違使別当として平信忠・信成、源季実・平信兼らの検非違使を率いて従い、五位以下の北面の者が二十人も従っていた（『兵範記』）。

なかでも信頼は、保元二年三月二十六日に武蔵守から右中将に任じられて、四月の賀茂祭では近衛府の使者に選ばれており、受領の富と近衛の名誉によって、この頃から院の寵愛を得ていたことが世に知られるようになった。十月にはついに蔵人頭《くろうどのとう》に、翌年二月には参議に任じられ、公卿の仲間入りをしている。その年三月の鞠会にも召され、四月の賀茂祭では、関白忠通の従者が信頼の車の無礼を咎めて破ったことから、信頼がこれを訴えると、忠通のみが閉門の処分を受けることなどもあった。

『愚管抄』は、信頼について「アサマシキ程ニ御寵アリケリ」と記し、『平治物語』は「伊予三位忠隆の子也。文にあらず、武にあらず、能もなく、芸もなく、只朝恩にのみほこり」と評したが、この上皇の信頼への寵愛は男色関係によるものである。保元三年十月十八日、上皇は摂関家の管轄する宇治平等院の経蔵に入ってその宝物を見ているが、この時、かつて父鳥羽院が経蔵に入った際に寵愛する藤原家成とともに入ったのを聞いていたので、上皇は信頼を入れようとしたが、関白の忠通は受け入れなかった。そこで上皇は忠通の側近の三位平範家を「にやくり三位」などと言いはやしたという（『続古事談』）。「にやくり」とは男色関係を意味する言葉であり、端無くも上皇は自らと信頼の関係になぞらえて言ってしまったのである。

この時期、男色関係は貴族社会に広がっていた。親王の時代から冷たい公卿の目にさらされてきた天皇にとっては、信頼のような熱い視線を注ぐ近臣に心をゆるしていたのであろう。

平治の乱

後白河院政が行なわれるなか、信西は官位の推挙権を掌握し、子息を要職につけていった。長子の俊憲《としのり》は蔵人頭から参議に昇り、貞憲《さだのり》は権左中弁、是憲《これのり》は少納言、紀伊との間に生まれた子成範《しげのり》は中将で播磨守、脩範《ながのり》は左少将で美濃守になっていた。

『平治物語』は、この信西が上皇の寵を得ていた信頼の大将の望みを阻止したことから、信西を恨むようになって平治の乱がおこったと指摘している。その大将への望みを聞いた信西は、唐の玄宗皇帝の物語である『長恨歌《ちょうごんか》』を絵巻に描いて、後白河の軽挙を諫めたという。九条兼実《かねざね》の日記『玉葉《ぎょくよう》』には、その時に絵巻に付けられた平治元年（一一五九）十一月十五日の信西自筆の書状を載せているが、それには、後代の帝王は必ずこれを見るべきであり、富貴は常ならず、栄楽は夢のごときものと知るべきである、と記されている。しかし上皇もまさか信頼が挙兵するとは考えてもみなかったに違いない。そんな上皇を信西は次のように評していたという。

和漢の間に比類無き暗主なり。謀反の臣傍らに在るも、一切覚悟の御心無し。人がこれを悟らせ奉ると雖も、猶以て覚えず。（『玉葉』）

後白河上皇の御所、三条殿に夜討ちをかけて火を放つ
(「平治物語絵巻」ボストン美術館蔵)

近臣に謀反をおこす人物がいても上皇はこれに全く気づかず、知らせてもそう思わない、これ程の愚昧な君主は古今にいない、と語っていたという。

信頼にしてみれば、自分よりも身分の低い信西が、子息を次々に朝廷の要職に送り込んで活躍しているのを見て、望みを阻止されたことに激しく怒り、強く恨んだのであろう。『平治物語』は、信頼が源中納言師仲《もろなか》を語らって、伏見に籠って武芸の道を習い、信西を滅ぼす計略を練るに及んだと記している。

こうして平治の乱は、政治の実権を急速に握った信西への院近臣のなかからの反発、源平両氏の武家間の対立、二条天皇の親政を求める動きなどがあわさっておこされた。その際、信頼は源氏の武士・源義朝《よしとも》と結んだ。義朝は保元の乱での活躍のわりには信西からの評価が低く、平氏一門が朝廷に進出するなかで取り残されていた。日頃から信西に頭があがらない上皇の動きを察し、信西を退けることには上皇も了解をあたえると踏んだのであろう。摂関家とは、先に闘乱事件があった後に姻戚関係を結んでおり、事は首尾よく運ぶものと考えたのである。

四月二十日に改元されて平治元年の十二月九日、清盛が熊野詣に赴いた隙を狙い、信頼は義朝を誘って兵を挙げると、三条烏丸の院御所を襲って、上皇と上西門院《じょうさいもんいん》を大内の一本御書所に移した。信西は宇治田原に逃れたものの、これまでと自殺を遂げた。そこで信頼は早速に除目《じもく》を行なって義朝を四位に叙し、義朝の子頼朝《よりとも》を右兵衛権佐に任じるなど政治の実権を握った。

しかし、成り上がり者であるとして信頼に不信感をもち、上皇の政治にも危機感を持っていた旧勢力は、この行動を支持しなかった。信西とともに鳥羽院に仕え、記録所の運営にあたっていた内大臣の三条公教《きみのり》が中心になって打開策を練った結果、二条天皇の側近を取り込み、熊野詣の最中にあった平清盛が六波羅に帰還するのを待ち、そこに天皇を迎え入れると、摂関家の忠通《ただみち》・基実《もとざね》も入ってきた。

このように諸勢力が天皇方についたのを見て、上皇が大内から仁和寺に逃れたことから、信頼の孤立は明らかになった。すぐに信頼・義朝追討の宣旨が出されたので、信頼は上皇に助けを求めたが、その途中で捕まって処刑され、源義朝は大内から誘い出されて、平家軍と戦った末に敗れ、都を落ち行く途中の尾張で、家人に討たれて平治の乱は終わった。

この結果、上皇は自分を支え、慕ってきた二人の近臣をともに失ったのである。以後、何度も近臣の喪失を経験することになるのだが、こうした時の心境を詠んでいるのが、『新古今和歌集』一四六番に所収する次の「題しらず」の上皇自作の和歌であろう。上皇はこの歌を今様としても謡ったことであろう。

おしめども散りはてぬれば桜花　今は梢をながむばかりぞ

5　且つは権現御覧ぜよ

両主の対立

平治元年（一一五九）十二月二十九日、平治の合戦の恩賞の除目があって、活躍の著しかった平頼盛《よりもり》が尾張守に、平重盛《しげもり》が伊予守に任じられたほか、遠江守に平宗盛《むねもり》、越中守に平教盛《のりもり》、伊賀守に平経盛《つねもり》など平氏一門がそれぞれ受領《ずりょう》に任じられ、これによって平氏の知行国は乱前の五か国から七か国へと増え、経済的にも他に抜きんでた存在となり、清盛の政治的地位は不動なものとなった。

そうしたなかで上皇は院政の復活を試みたが、二条天皇も親政を望んだことから、両勢力が相争うところとなるなか、そこにおきたのが、上皇が正月六日に八条堀河の藤原顕長《あきなが》の邸宅に御幸した際におきた事件である。上皇がその邸宅の桟敷から大路を見ようとした時、天皇側近の藤原経宗《つねむね》・

平清盛（「天子摂関御影」宮内庁所蔵）

惟方《これかた》が堀川にあった材木で、その桟敷を外から打ち付けようとしたという。

この所行が、院に国政を沙汰させず、親政を画策したものであるという噂が上皇に伝わったことから、怒った上皇は清盛を召して、「ワガ世ニアリナシハ、コノ惟方・経宗ニアリ、コレヲ思フ程イマシメマイラセヨ」（『愚管抄』）と、二人を捕縛して戒めを加えるように命じたという。経宗は上皇の旧妻の兄弟であっただけに、憎しみは激しかったであろう。二月二十日、上皇の命を受けた清盛が郎等を差し遣わし、二人を搦め取って内裏に御幸した上皇の前に引き据え、責めたてたという。その頃、二条天皇は近衛天皇の中宮であった多子《たし》を自分の后に迎えて入内させており、この二代の后の誕生については、多くの批判があったので、上皇はその機会を捉えたのであろう。

上皇の命を受けた清盛は、上皇が直轄領を経営する後院を形成した時、その年預《ねんよ》となって経営にかかわり、前年には大宰府を知行して上皇の命により白河に千体阿弥陀堂を造営していた。上皇は平治の乱への反省から、清盛を取り込むことに力を注いでいたのである。その翌日、配流中の信西子息の召還が決定し、代わりに三月十一日に経宗が阿波国に、惟方が長門国に流され、六月には信西の首級をあげた源光保・光宗の二人も謀反の疑いで薩摩国に流されて途中で殺害されるなど、天皇の有力な廷臣が相次いで失われていった。

そうしたなかで清盛は永暦元年（一一六〇）六月二十日に三位になって念願の公卿に昇進すると、八月五日に安芸の伊津久島《いつくしま》（厳島）に「年来の宿願」と称して赴いている。安芸国は仁平元年（一一五一）に清盛が国司になって以来、保元三年（一一五八）に至るまで長年にわたって知行してきた国である。宿願とは公卿になる望みであり、参詣はその喜びの報告であろう。六日後の八月十一日には清盛はさらに政治に参画する参議に任じられたが、清盛は城外にあって人事の成否を見つめ、無言の圧迫をあたえていたことになる。

ここに武家は朝廷を守護する存在として欠かすことのできない権門として定着することになった。『愚管抄』が、清盛について「時ニトリテ、世ニタノモシカリケリ」と記したのは、その点をよく物語るもので、武家に支えられた朝廷の在り方を示している。

この間、上皇と天皇の争いも一段落し、両者の関係は波乱材料を含みながら安定したものとなり、「院・内、申し合つつ同じ心にて」と称されたように、共同して国政にかかわるようになっていた。永暦元年十月に蔵人頭に任じられた藤原忠親は、国政の案件について、上皇と天皇の双方に奏聞を行ない、摂関の基実の父大殿忠通の内覧を経ている（『山槐記《さんかいき》』）。二頭政治が行なわれ、それを武力の面で清盛が、政治の面で摂関が支える形で国政は執行されていたのである。

初度の熊野詣

両主による二頭政治が行なわれるなか、上皇は新たに御所を建てるべく東山にあった信西の居所に、藤原信頼の邸宅を移築している。この地にはもともと法住寺が摂関時代に藤原為光により造営されていたのだが、早くに焼失し、境内には多くの堂舎が建てられてきていた。鳥羽院の時には藤原清隆の堂や信西の居所があり、信西の妻紀伊（後白河の乳母）の堂もあった。つまりこの地は上皇が育った土地だったのである。

この法住寺境内は六波羅《ろくはら》の南に位置する十余町の広大な土地であったから、そこを囲い込んで次々と殿舎を建てていった。大小八十余りの堂を壊し捨てたことから、多くの人々の恨みをかったというが、その規模などから見て、明らかに離宮を意図していたのである（『吉記《きつき》』）。かつて白河院が白河に造営した法勝寺を中心とする御所や、鳥羽に造営した広大な鳥羽離宮のことを念頭に置いて、造営したのであろう。

上皇は御所の造営とともに、永暦元年（一一六〇）十月十六日に比叡山の鎮守日吉《ひえ》社と紀伊の熊野社を勧請《かんじょう》して、御所の鎮守となしている。日吉社は平治の乱の際に朝敵追討のために上皇が祈った社であって、この三月には位を去った後の初めての神社参詣に、八幡・賀茂社に先んじて赴いており、この後も何度となく御幸している。

大宮権現は　思へば教主《けうす》の釈迦ぞかし
一度もこの地を踏む人は　霊山界会《りやうぜんかいえ》の友とせん

この四一一番の歌を上皇は日吉社の社頭では謡ったことであろう。比叡山の陰陽堂の慶増僧都《けいぞうそうず》が、日吉社の大宮が釈迦如来を本地仏とすることから、ここが釈迦説法の霊山であると詠んだ日吉山王の讃歌である。その日吉社を法住寺殿の鎮守として勧請したのが新日吉社《いまひえ》であって、応保二年（一一六二）四月からは上皇の沙汰によって新日吉祭が行なわれ、嘉応二年（一一七〇）には小五月会が始められているが、ここには鳥羽離宮で行なわれていた競馬《くらべうま》や流鏑馬《やぶさめ》の武芸が奉納され、武士にとってその武芸が披露される重要な場となってゆく。

鎮守のもう一つの新熊野社《いまくまの》は、熊野を勧請して建てられたもので、『今鏡』が、「熊野をさへうつして、都に造らせ給へらむこそ、遠く参らぬ人のためも、いかにめづらしく侍らむ」と記しているように、熊野詣の代わりやそれに先立つ精進や参籠の場ともなった。その勧請があった翌日、上皇はここで精進を始めると、三井寺の法印覚讃《かくさん》を先達にして平清盛らを伴にして十月二十三日に初度の熊野詣に出発している。清盛を取り込んで、熊野詣を無事に行なうとともに、国政を掌握している立場を示そうという狙いがあったと考えられる。

この熊野詣の途中での出来事は『口伝集』に詳しく記されている。十一月二十五日の和泉の厩戸《うまやど》宿でのこと、上皇の近臣の藤原為保に付き添っていた先達の夢に現れた王子の神が、「参詣は嬉しいが、古歌を歌ってもらえないのが残念」と語ったという。この件ついて、王子では歌舞の奉納などを行なっているので、「今様などもあってしかるべきだ」と言う者もいたが、「あまりに下々の者が多いので、それを謡って神に示すのはどうか」などと言う者もいた。

上皇はそれまで今様を謡わないでいたが、この夢の話を聞くや、あれこれ思案せずに謡おうと決め、厩戸宿を発って長岡王子に夜のうちに到着し、清盛に夢のことを話した。清盛は、もっともなことで問題はないでしょう、と答えたものの、内心は「雑人などがたいへん数多くいるので、どうか」と思っているうちに寝入ってしまい、やがて夢うつつに、礼服を着た先払いの者を連れた唐車が王子社の御前に止まるのを見た。これは上皇の歌を聞いているのだろうか、と思って目を覚ましたところ、やはり上皇が次の今様を謡っていたという。

熊野の権現は　名草の浜にこそ降りたまふ
若の浦にしましませば　年はゆけども若王子《にゃくわうじ》

歌は熊野権現が王子に降臨する様を詠んだものであり、紀伊の名草の浜に降り立った王子の神を詠んでいる。この話を清盛が源資賢《すけかた》に語ったところ、資賢は驚き、人々と、これはまさに神のお告げである、と言いあったという。

熊野御幸の道中においては、このように上皇とその近臣たちが熊野の神の思し召しを夢の中で得ようと努めつつ、苦行の旅を続けていたのである。上皇はこの奇瑞に気をよくして、今様を道中の王子に捧げながら、十一月二十五日に本宮に到着した。すぐに奉幣し、経供養・御神楽などを奉納し終え、礼殿で音頭をとって古柳から始めて今様・物様まで数を尽くして謡ったという。

花の都を振り捨てて　くれくれ参るは朧《おぼろ》けか
且つは権現御覧ぜよ　青蓮《しやうれん》の眼を鮮やかに

上皇はこの二六〇番歌などに思いを託して謡ったことであろう。京を立って熊野にやっと来たのであるから、その青蓮の眼で私の願いを是非とも聞き届けてほしい、と願った歌である。さらに琴・琵琶・舞・猿楽などの芸能も次々と奉納しており、こうして王の歌は神に受け入れられたと考えられ、上皇は治世への意欲をいよいよ強めていったことであろう。

清盛のアナタコナタ

この熊野詣の最中、病にあった美福門院の容体が悪化し、上皇が熊野から帰還した永暦元年（一一六〇）十一月二十六日に死去している。美福門院は鳥羽院の遺言によって、鳥羽殿に隣接して築かれた鳥羽院の墓に入るように求められていたが、高野山に遺骨を納めるように命じて生涯を閉じたという。

美福門院の死により、上皇がその重しから解放されることになったのに対し、女院の養子であった二条天皇には大きな打撃となった。しかし『今鏡』が「末の世の賢王におはします」と記す天皇は、「愚昧」と称された父とは違い、学問に秀で、和歌をよくし、漢詩にも造詣を示して高く評価されており、また大きな政治的支えもあった。

忠通の引退後に関白になった基実（忠通の子）が天皇の政治を全面的に補佐し、太政大臣の藤原伊通《これみち》も政治の意見書『大槐秘抄《たいかいひしょう》』を提出して支え、さらに平清盛が天皇の乳母夫として支えていた。永暦元年十二月十五日に行なわれた天皇の代一度の八十島祭《やそしままつり》には、使者の典侍として清盛の妻時子が派遣されたが（『山槐記』）、この使いは天皇の乳母が勤めるものであり、清盛は二条の乳母の夫としてその後見となっていたのである。

『愚管抄』は、清盛が二条天皇に奉仕したのは、上皇の治世に危惧を抱き用心していたからである、と指摘している。翌応保元年（一一六一）正月に清盛は検非違使別当になり、九月十三日には中納言に昇任している。この清盛の武力と後見とを背景に、天皇は七月には国王を檀越《だんおつ》とする鎮護国家の寺である東大寺の興隆を期し、造東大寺長官を任命するなど、政治への意欲を示していった。

それとともに、しだいに二条と後白河との対立が深まって、『平家物語』の「二代の后」の章に「永暦・応保の比よりして院の近習者をば、内よりいましめらるる間、上下おそれをののいて、やすい心なし。ただ深淵にのぞむで、薄氷をふむに同じ」と記されているように、緊張関係をはらむに至った。

しかし清盛はその両主の対立の間にあっても揺るぎない権力を築いていた。二条の乳母父として、また後白河院の別当として、二人の君に奉仕していた清盛の動きについて、『愚管抄』は次のように記している。

清盛ハヨクヨクツツシミテイミジクハカラヒテ、アナタコナタシケルニコソ

ここに見える「アナタコナタ」とは、清盛が二人の君にしっかりと仕えつつ、盤石の体制を築いたことを意味していたのである。

6　千手の誓ひぞたのもしき

後白河の院政停止

二条との対立が深まるなか、上皇は清盛の妻の妹滋子《しげこ》（上西門院の女房小弁局《こべん》）を寵愛し、応保元年（一一六一）九月三日に皇子を儲けた。上西門院は上皇の実の姉で、そこに仕えていたのが小弁である。その父は「日記の家」を継承していた平時信、母は鳥羽院の寵臣藤原顕頼《あきより》の娘である。小弁という女房名からしても身分は高くなかったが、上西門院の院中をよく切り盛りする存在だったらしい。

同じく女院といっても二つのタイプがあった。一つは内親王からなったタイプで、もう一つは女房からなったタイプである。前者は、上西門院や八条院のように多くはおおらかな性格であったのに対し、後者は待賢門院《たいけんもんいん》や美福門院《びふくもんいん》のように多くは后となって権勢を握るようになることが多く、まさに建春門院《けんしゅんもんいん》は後者に相当する。

上皇は最愛の女性に皇子が生まれたことから、これを契機に治世への意欲をいよいよ高めていった。それとともに院近臣も動いた。皇子誕生直後の九月十五日に院近臣の平教盛《のりもり》と右少弁平時忠が二条天皇によって解官《げかん》されたのは、この点をよく物語っている。『愚管抄』によれば、「ユユシキ過言」により解官されたといい、『源平盛衰記』によれば、生まれた皇子を皇太子に据えようとはかったことが天皇の逆鱗に触れたとしている。時忠は皇子の叔父、教盛は皇子の守役で後に皇子が皇太子になった時には東宮亮《とうぐうすけ》に任じられている。

上皇の周辺の動きに危機をおぼえた天皇は、『愚管抄』が「主上〈二条院〉世ノ事ヲバ一向ニ行ハセマイラセテ」と記すように、上皇の国政への介入を拒否して院政を停止し、翌年三月に藤原経宗を配流の地から召し返し、六月二十三日には平時忠、源資賢・通家、藤原範忠《のりただ》らの院近臣を天皇のことを賀茂社で呪詛したとして流罪に処している。このような状況から、清盛は天皇の押小路東洞院の内裏に武士を派遣して宿直させて警護する体制を整えている。

押小路東洞院ニ皇居ツクリテオハシマシテ、清盛ガ一家ノ者サナガラソノ辺ニトノヰ所ドモツクリテ、朝夕ニ候ハセケリ。（『愚管抄』）

この内裏は、関白基実の邸宅を内裏になし、応保元年十一月に上棟したものであり、翌年三月二十八日にここに行幸があったところで、そこに宿直所を設けて警護の体制をしいたのである。後々まで続く武家が皇居を守る内裏大番役の成立を意味している。

こうして天皇は清盛を優遇し、その後見を背景にして政治的な基盤を固めていった。応保元年十二月、鳥羽と美福門院との間に生まれていた暲子《しょうし》内親王に八条院の院号を与えて「准母」としたのも、美福門院の死後における天皇の立場を強化する狙いによるものであり、同じ十二月には摂関家の藤原忠通の娘育子《いくし》を入内させて女御となし、翌年二月にはその女御を中宮に立てて摂関家との関係を強化している。

蓮華王院の造営

力を失って失意の上皇は、応保二年(一一六二)正月に熊野に詣でたが、これも『口伝集』に詳しく記されている。正月二十一日に精進を始めて、同二十七日に発つと、二月九日に本宮に幣を奉り、本宮・新宮・那智の三山に三日ずつ籠って千手経を転読していた。

その十二日のこと、新宮に参って幣を奉り、夜が更けてから宮廻りののちに礼殿で通夜し、千手経を読んで、夜半を過ぎたかと思われるころ、神殿の方を見やると、わずかな火の光に御神体の鏡がところどころ輝いて見えたので、「あはれに心澄みて、涙も止まらず」、また千手経を読んだという。この経を読んだのは、礼殿の前に祀られているのが、次に赴く那智の神であって、その本地《ほんぢ》が千手観音であったことによる。そこに源資賢が来たので、今様を謡うように命じたところ、畏まっているばかりで、謡おうとしないので、上皇が謡った。

蓮華王院（三十三間堂）

よろづのほとけの願よりも　千手の誓ひぞ頼もしき
枯れたる草木もたちまちに　花さき実なると説いたまふ

この千手観音の功徳を讃える歌を繰り返し何度も謡うと、資賢・源通家もそれに和して謡った。するとそこに上皇の先達である覚讃法印がやってきて告げた。宮廻りを終え、社殿の前にある松の木の下で通夜をしていたところ、その木の上から「心とけたる只今かな」という神の声が、夢とも現つともなく聞こえてきたので、びっくりして報告に来たという。

一心に心を澄ましていると、このような不思議なこともあるのだろうと覚え、神が訴えを了解してくれたものと思った上皇は、夜が開けるまで謡い明かしたという。上皇は院政の復活を強く願って訴えていたのであろう。やがて都に戻った上皇は、この時の奇瑞から千手観音を本尊とする蓮華王院《れんげおういん》（三十三間堂）を法住寺殿御所に附属して造営したが、その名の蓮華王とは千手観音の別称である。

法住寺の離宮を白河院の例に倣って造営した上皇が、さらに鳥羽殿に付属して多くの寺院を造営した鳥羽院の例に倣って、法住寺殿に付属して千体の千手観音を安置する蓮華王院を造営したのである。『今鏡』は「千体の千手観音の御堂たてさせ給ひて、天竜八部衆など、生きてはたらかすといふばかりこそ侍るなれ」と記し、『愚管抄』も「後白河院ハ多年ノ宿願ニテ、千手観世音千体ノ御堂ヲツクラント思召ケルヲバ、清盛ウケ玉ハリテ備前国ニテ造リマイラセケレバ、長寛二年十二月十七日ニ供養アリケル」と記している。清盛が備前国を知行して造進したのであり、長子重盛はこの賞により長寛二年（一一六四）に正三位に叙せられている。

千体堂といえば、鳥羽院が平忠盛に命じて造らせた得長寿院があり、後白河の命によって清盛もまた大宰府を知行して平治元年（一一五九）三月に白河に千体阿弥陀堂を造営していたことがあるので、こうした平氏に蓄積された造営のノウハウとその富とに期待して、上皇は造営を清盛に命じたのであろう。

その供養の日、上皇が天皇の行幸を望んだところ、天皇には全くその考えがなく、さらに寺司に功労の賞を与えようとしても、その沙汰がないので、上皇は使者に立てた平親範《ちかのり》に向かって涙を浮かべ、「ヤヤ、ナンノニクサニ」と嘆いて親範の咎とまでお思いになったという話が『愚管抄』に見える。ただ『百練抄』は、二条が行幸したことを伝えているので、上皇の要請によって結局は行幸したのであろう。

王のコレクション

蓮華王院をはじめとする御願の寺院や神社を造営していった上皇は、その費用にあてるために荘園・所領を寄進していった。永暦二年（一一六一）正月に河内・相模・伊予の三つの荘園が後白河院庁下文で法住寺の鎮守である新日吉《いまひえ》社の所領とされ、翌二月には、同じく院庁下文で法印昌雲から寄進された長門国の向津奥荘が新日吉社領とされている。

また永万二年（一一六六）正月の院庁下文によって、備後国の大田・桑原郷が平清盛の子重衡《しげひら》から後白河院庁の厩の費用に寄進されて大田荘が生まれたが、これは名目的に重衡の名で寄進されたにすぎず、実際の荘園の権利は清盛が握っていて、立券《りつけん》を命じる下文の正文は清盛の許に送られている（「高野山文書」）。これにともなって大田荘の倉敷が近くの尾道浦に設定され、院や平氏の保護を得た大田荘は大荘園に成長していった。また長寛三年（一一六五）六月には、聖顕《しょうけん》阿闍梨が平季広から得た但馬国温泉郷を蓮華王院に寄進している（『吉記《きつき》』）。

このように平氏や院近臣が仲介して後白河院領は急増してゆき、その経済的基盤は充実していった。

蓮華王院には荘園が集まってきただけでなく、宝蔵が造営され内外の宝物が納められて、国王のコレクションの意味を担うようにもなった。鳥羽院は摂関家の宇治平等院の宝蔵や比叡山の延暦寺前唐院の宝蔵に倣い、鳥羽殿の勝光明院に付属して宝蔵を建てると、そこに宝物を集めていたが、蓮華王院の宝蔵もこれに倣って建てられた。そのコレクションは様々に及んでおり、太刀・剣などの武具や、琵琶・琴・箏・笙・笛などの楽器、帯などの衣装、仏像や典籍などの国内外の宝物を始めとし、列島の各地からもたらされた、「鬼の帯」や「比叡山横川の柿ノ木」などの珍奇なものや、大陸からの唐物にまで及んでいた。

もろこし唐なる笛竹は　いかでかここまではゆられこし
ことよき風にさそはれて　おほくの波をこそわけしか

次々に集まる宝物を見た上皇は、『古今目録抄紙背《こ こんもくろくしよう》』に見えるこの今様を謡ったことであろう。行事や公事が復興されたその様を描いた絵巻も数多く奉納されている。

このように蓮華王院は二条から院政を停止されていた上皇が、その復活を期して造営・整備していった面があり、さらに長寛二年（一一六四）に上皇は延暦寺に登って、根本中堂で千僧供養を行ないその存在を誇示している。

そうしたなかで二条天皇の政治を支えていた太政大臣の藤原伊通が長寛三年二月に亡くなったが、その頃から天皇も病にとりつかれはじめた。四月中旬には病状が悪化し、永万に改元されたにもかかわらず、回復の見込みはなかった。そこで二条は子の順仁《のぶひと》を六月十七日に皇太子に立て、さらに病状が極度に悪化すると、二十五日に譲位して皇太子を位につけて六条天皇となし、二条院の執事には平重盛を任じ、天皇の乳母父に中宮亮の藤原邦綱を任じるなど、天皇の未来を平氏一門に託した。邦綱は摂関家に仕えるなか、平氏に結びついて頭角を現してきた貴族である。

だが、「よき人は時世にもおはせ給はで、久しくもおはしまさざりける」（『今鏡』）と称されたように、「よき人」二条はついに七月二十八日に押小路東洞院の内裏で亡くなった。その遺骸は香隆寺の東北の蓮台野に葬られたが、この葬儀に出席したのは、公卿九人と殿上人少々ほどであったという。『平家物語』の「額打論」「清水寺炎上」の二つの章は、葬儀の時に起きた事件に取材して、当時の政治と社会の動きを描いている。その日、興福寺の僧たちは争っていた延暦寺の額を切って落とすや、「うれしや水、なるは滝の水、日は照るともたえずとうたへ」という今様を謡って囃したというが、それは次の四〇四番のことであろう。

滝は多かれど　嬉しやとぞ思ふ　鳴る滝の水
日は照るとも絶えでとうたへ　やれことつとう

この歌は寺院の大衆《だいしゅ》が蜂起した時に好んで謡い囃したもので、延暦寺の悪僧たちも敵方の房を襲って切り払って「うれしや水」の曲を囃して山に帰っていったという記事が、『明月記《めいげつき》』天福元年（一二三三）二月二十日条に見えている。

二条の死によって後白河院政は復活することになったが、それとともに幼い天皇の存在が政治の不安をもたらし社会に動揺をあたえ始めたため、その政治を支えるべく八月十七日に清盛が大納言に任じられた。しかし清盛は、「中ノ殿ムコニテ世ヲバイカニモ行ヒテント思ヒケル」とあるように、「中ノ殿」藤原基実を娘婿としてこれを支えたので、基実が政治の主導権を握って、院政の完全復活を阻んだ。

だが天皇が幼少であるという理由から十二月二十五日に上皇の若宮憲仁に親王の宣旨が下されて、その儀式が法住寺御所で行なわれ、その際に清盛が親王の勅別当に任じられたことから、ここに清盛は上皇を全面的に支えるようになり、院政の完全復活はもう時間の問題となった。

熊野に詣でて謡った王の歌は王に新たな舞台を用意するところとなったのである。

Ⅲ　王の身体

7　欣び開けて実生るとか

院政の開花

院政の完全復活は、永万二年（一一六六）七月二十六日、復活に異を示してきた摂政の藤原基実《もとざね》が亡くなってなった。『愚管抄《ぐかんしょう》』が「俄ニコノ摂政ノウセラレニケレバ、清盛ノ公、コハイカニトイフバカリニナゲキニテアル」と記すように、基実の死は婿としていた清盛を嘆かせ、それとともに「世ノ政ハミナ院ノ御サタ」と、後白河院政が完全に復活したのである。ここに上皇は単なる「おりゐの帝」（位をおりた帝）から「治天の君」（政治を執る王）となって、以後、治天の君としての王の身体は、その声技とともに大きく展開してゆくことになる。

まず基実の子基通《もとみち》が幼いため、上皇は基実の弟基房《もとふさ》を七月二十七日に摂政に任じ、続いて仁安に改元された八月二十七日に院近臣の藤原成親《なりちか》を参議に任じ、藤原成範《しげのり》・平頼盛《よりもり》の二人を三位に叙すなど、院近臣の勢力を次々と政界に進出させていった。このうち、基房は、上皇の近くに仕えてきた故実に詳しい信頼厚い近臣であった。成親は鳥羽院の寵臣・家成の子で、保元の乱前には藤原頼長の男色の相手として「受領《ずりょう》の讃」の名で頼長の日記『台記《たいき》』に見え、平治の乱前には藤原信頼に連座して解官《げかん》されたが、流罪を免れ、乱後に上皇の近くに仕えて目覚しく出世し、永万二年六月には蔵人頭《くろうどのとう》になっていた。成範は信西《しんぜい》の子で、平治の乱後に配流されたものの、戻されて大宰大弐となっており、頼盛は清盛の異母兄弟であるが、平氏のなかでは上皇に最も密着していた。

十月十日についに憲仁《のりひと》親王が皇太子に立てられるが、これは母滋子《しげこ》からの強い要請によるもので、この時の立太子の儀式は、院と平氏との結びつきをよく物語っている。同宿していた親王と上皇は、東山の法住寺殿から儀式が行なわれる東三条邸に向かい、この行列の前方を殿上人三十余人と公卿十三人が前駆として行き、続いて上皇の車とその護衛の平重盛《しげもり》、親王の車には母の滋子が同乗し、その行列には前駆十八人・公卿七人が伴をし、この後ろに清盛がいて、最後尾を摂政基房が務めた。

東宮職《とうぐうしき》の主要官職は、清盛が東宮大夫に、邦綱が東宮権大夫、東宮亮《すけ》に教盛、東宮大進に平知盛が任じられるなど、平氏一門によって占められた。乳母には邦綱の娘と、重盛の室が選ばれ、十月二十一日には清盛の妻時子が二位に、滋子が三位に叙され、六条天皇の退位も日程にのぼった。

こうして東宮を平氏が支える体制を築き、後継者に重盛を据えた清盛は、仁安元年（一一六六）十一月に内大臣へと昇進したが、それにともなって基房の弟兼実《かねざね》が内大臣から右大臣となり、右大臣の藤原経宗《つねむね》が左大臣に昇進している。兼実は忠通の晩年の子として父の愛情を受けて育ち、政治や故実に熱心であった。その日記『玉葉《ぎょくよう》』は本書に多くの典拠史料を提供してくれている。経宗も故実に詳しく、「文にもたづさはり」（『今鏡《いまかがみ》』）とあるように漢詩文にも秀でていた。かつては上皇に恨まれて配流されたこともあったのだが、都に戻った後、二条院が亡くなってからは上皇や平氏に接近してゆき、重用されるようになっていた。

清盛の後援を得て本格的に後白河院政が始まると、御所の造営ラッシュとなった。仁安元年末に鳥羽殿には北殿が建てられ、法住寺殿には新御所が造営され、翌年正月二十日には皇太子憲仁の朝覲行啓がその新御所にあったが、それは朝覲行幸なみの儀式であったという。上皇は御所や離宮を整備して院政を行なう意欲をいよいよ強め、それとともに法住寺殿御所は上皇の芸能と信仰の場になっていった。

なかでも五月・九月には花を供える供花会を開き、それを中心に今様の談義や会を常に開くようになった。『口伝集《くでんしゅう》』は「九月に法住寺にして花を参らせし時、今様の談義有りしに」、「東山の法住寺に五月の花の頃、花参らすとて、江口・神崎の君、青墓・墨俣《すのまた》の者集ひてありしに、今様の談義有りて様々の歌沙汰、少々は謡ひなどせし」と記している。その今様の談義では、次の一六四番歌の謡い方をめぐって紛糾したという。

釈迦の御法《みのり》は浮木《うきぎ》なり　参り会ふ我等は亀なれや
今は当来弥勒の　三会《さんえ》の暁疑はず

『法華経』の妙 荘 厳品《みょうしょうごんぼん》に見える、仏の教えにめぐりあうことの難しさを詠んだ歌である。釈迦の説かれた教えは大海に漂う浮木のようなものであって、たまたまそれにめぐりあえる我らは一眼の亀と同じであり、今は未来に弥勒が現れて三会の説法があるのを信じるばかりである、という意味内容である。

この謡い方について、「さはのあこ丸」と乙前《おとまえ》との間で議論がかわされた結果、小大進《こだいしん》が召されて謡ったところ、「今は当来弥勒の」という部分の「上ぐる」ような謡い方が、乙前や乙前から学んだ上皇と同じであるということから、列席の人々が感嘆したという。

院政の運営

仁安二年（一一六七）二月に上皇はさらに清盛を太政大臣に、重盛を大納言に任じると、それを見届けて熊野参詣に二月十九日に進発している。その七か月後の九月二十一日にも上皇は女御滋子を帯同して熊野に詣でているが、これは東宮の息災を祈ってのもので、供には東宮大夫の平重盛や右宰相中将平宗盛《むねもり》などの清盛の子、右兵衛督平時忠、伯耆守平親宗などの滋子の兄弟が同行し、殿上人は七人、北面にいたっては数知れずいたという。

この二つの熊野御幸の間にも院政の体制は整備されていった。その一つが五月十日に海賊追討の宣旨を重盛に下し、朝家を守る武家の存在を国制上に位置づけたことである。このような追捕の宣旨は今まで受領《ずりょう》や検非違使《けびいし》に下されることはあっても、大納言のような高い身分の者に出されるこ

熊野古道の石だたみ

とはなかった。したがってこれは現実の海賊の横行に対処する性格というより、武家の存在を国制として位置づけ、あわせて重盛の武門の長の立場の継承を認めたものである。

そのため七日後には清盛が出した太政大臣の辞表が受理されており、清盛はわずか三か月で太政大臣を退き、政界からの形式的引退と長子の重盛に自己の地位を譲ることを示したのである。このことからも明らかなように、平氏は直接に国政の運営に参加しようとはしなかった。十三日に興福寺の内部争いで喜多院などが焼かれた事件では、興福寺前別当の僧正恵信らの罪名を審議する議定《ぎじょう》が開かれたが、それに出席した九人の公卿は左大臣藤原経宗、源大納言定《さだ》通《みち》、按擦《あぜち》使前大納言藤原公通《きんみち》、皇后宮大夫前大納言藤原実《さね》定《さだ》、検非違使別当藤原隆季《たかすえ》、中納言藤原忠親《ただちか》、左大弁源雅頼《まさより》、参議平親範《ちかのり》、藤原家通《いえみち》らであって、そのなかには平氏一門はひとりもいない。当時、二十四人の現役公卿がいたにもかかわらず、そのうち七人しか召されておらず、逆に前大納言が二人もいた。彼らは有力な権門のなかの識者や、実務や故実に堪能な人物として選ばれ、議定の運営に参画していたのである。

議場で審議された結果は摂政と上皇に伝えられ、上皇の裁断が下される仕組みであった。議定にかけられた案件は「朝家の大事」であり、しばしば数人の識者に個別に諮問も行なわれた。十二月九日に東宮の御書始が行なわれた際には、それに先立って六日に上皇から摂政基房、左大臣経宗、右大臣兼実、内大臣藤原忠雅《ただまさ》、藤大納言師長《もろなが》、左大弁雅頼《まさより》、平相公親範らに個別に諮問があり、皆の賛同を得たので、この日ににわかに御書始が行なわれたという。

このように政治の大事は公卿の意向を聞いて上皇が裁断する形で運営されており、通常の政務は蔵人《くろうど》や弁官《べんかん》などが伝奏《でんそう》を通じて法皇からの指示を受け、摂関の内覧を経て執行されていて、その伝奏には院の近臣が任じられた。こうした院政の基本的枠組みが整えられたところに、翌仁安三年二月、清盛が急病に倒れた。折しも熊野詣で留守にしていた上皇は熊野から急いで駆けつけ、その時に二人の談合によって決まったのが六条天皇の退位である。

二月十一日に清盛が出家すると、二月十九日に六条天皇が退位して憲仁《のりひと》が位についたのであるが（高倉天皇）、この数年後に成った歴史書『今鏡』は、このことを次のように評価している。

世の中へだてある事もなく、一院天下をしろしめし、御母盛りにおはしませば、いとめでたき御栄えなるべし。しかあれば二葉の松の千代の始め、いとめでたく伝へたまはりはべりき。

両主の対立もなくなり、これから繁栄が長く続くことの始まりであると見ているのがわかる。さらに三月十一日には、女御滋子の皇太后となったその儀式が執り行なわれ、八月四日に高倉天皇の朝覲行幸が上皇・母后の許に行なわれている。この時に御簾の中にいた后に向かって、かつて肩を並べて上西門院に仕えていた女房が話しかけてきた。「この御めでたさはいかがおぼしめす」と聞くと、后は「さきの世の事なれば、何ともおぼえず」と語り、前世から決まっていたことなので、どうということはありません、と答えたという。この話を伝える『古今著聞集《ここんちょもんじゅう》』は「ゆゆしかりける御心なるべし」と滋子を評している。

出家の願い

天皇代始めの大嘗会《だいじょうえ》も無事に終了し、その調度の御覧の儀式がすむと、翌仁安四年（一一六九）正月に上皇はまた熊野に詣でている。これは『口伝集《くでんしゅう》』が詳しく記す十二度目の熊野御幸である。

正月九日に精進を始め、十四日に発って二十六日に熊野で奉幣しているが、この時の御幸は出家の暇《いとま》を申すために参ったのである。いつものように各地の王子社で今様を謡い、熊野に到着して礼殿で芸能の奉仕をしていた時のこと、上皇がひとり両所権現の御前の長床で横になっていると、かがり火が光り輝きだした。衝立や障子を少し隔てた近くには近臣の藤原成親《なりちか》・親信《ちかのぶ》、平業房《なりふさ》、藤原能盛《よしもり》らがおり、前の方には北面の平康頼《やすより》・藤原親盛《ちかもり》・藤原資行《すけゆき》らが寝ていたが、その時、かがり火に熊野の十二所権現の御神体の鏡が光り輝きだし、それは神々の姿が映るかのようであった。

そこに奉幣の声とともに、神仏を供養する般若心経や千手経・法華経をあげる声が尊く聞こえてきたので、早速、上皇は長歌から始めて古柳を謡い、十二所権現の心の今様、娑羅林《しゃらりん》・常の今様・片下・早歌など、おおよその今様を謡い尽くした後、さらに神歌、大曲《だいごく》の足柄・黒鳥子・旧川《ふるかわ》も謡い終え伊地古《いちこ》をも謡った。そして明け方に静かになって人音もなくなった頃に、心を澄まして伊地古を再び謡ったところ、新宮・那智の両所権現のうちの西の御前の方から、えもいわれぬ麝香《じゃこう》が漂いはじめた。座の人々が不思議に思っていると、宝殿が鳴るように響きわたり、芳しい香りが満ち、御簾が開かれて正体の鏡が鳴り合い、それは長いこと揺れ続いたという。

ここに上皇は西の御前（那智の神）が出家の暇乞いに対して答えたものと感じとった。王の歌が神の前に届いたのである。すぐに都に戻った上皇は、二月末に王城鎮護の神である賀茂社にも出家の暇を申しに参り、神楽や法華経、千手経を奉納した。その後、源資賢《すけかた》が催馬楽《さいばら》を謡った時、上皇が神の御前の雪が梅の木に降りかかって梅の花と見分けがたい風景を踏まえて、次の上二句を謡ったところ、資賢がそれに下二句を付けた。

春の初めの梅の花　欣び開けて実生《な》るとか
御手洗川《みたらし》の薄氷　心とけたる只今かな

最初に上皇が、梅の花が開いて実になる、つまり出家を遂げたいと謡ったのに対して、資賢が神に代わって、賀茂の御手洗川の薄氷のように、心の解けた只今である、つまりその出家の意思はわかった、と謡って納受《のうじゅ》したのである。そこでさらに上皇は次の歌を謡った。

松の木蔭に立ち寄れば　千歳の翠《みどり》ぞ身に染《し》める
梅が枝挿頭《かざし》に挿しつれば　春の雪こそ降りかかれ

梅の花に春の雪が降り積もっていたので、それを千歳の翠の松と対照させて詠んだ歌である。上皇はこれを三十回も謡ったというから、満悦でよほど気に入っていたとみえる。

8　忍辱衣を身に着ければ

『梁塵秘抄』の成立と出家

上皇は熊野・賀茂に詣でて出家の暇を神に告げた後、さらに改元して嘉応元年（一一六九）三月に太政大臣藤原忠雅以下を引き連れて高野山に詣でているが、この時の御幸は絵巻にも描かれた豪華なものであったという。

三会《さんえ》の暁待つ人は　所を占めておはします
鶏足山には摩《ま》訶《か》迦葉《かしょう》や　高野の山には大師とか

高野山ではこの二三四番を謡ったことであろう。高野山を開いた弘法大師への信仰を詠んだ歌である。上皇はその帰路、清盛の福原の別荘に立ち寄り、三月二十一日に千部法華経の供養を千人の経読みを集めて行なっている。そして福原に滞在していたその三月中旬に今様集『梁塵秘抄《りょうじんひしょう》』は成った。『口伝集《くでんしゅう》』に「嘉応元年三月中旬の比《ころ》、此等を記し畢《おわん》ぬ。漸々撰びしかば、初めけん程は憶えず」と記されている。

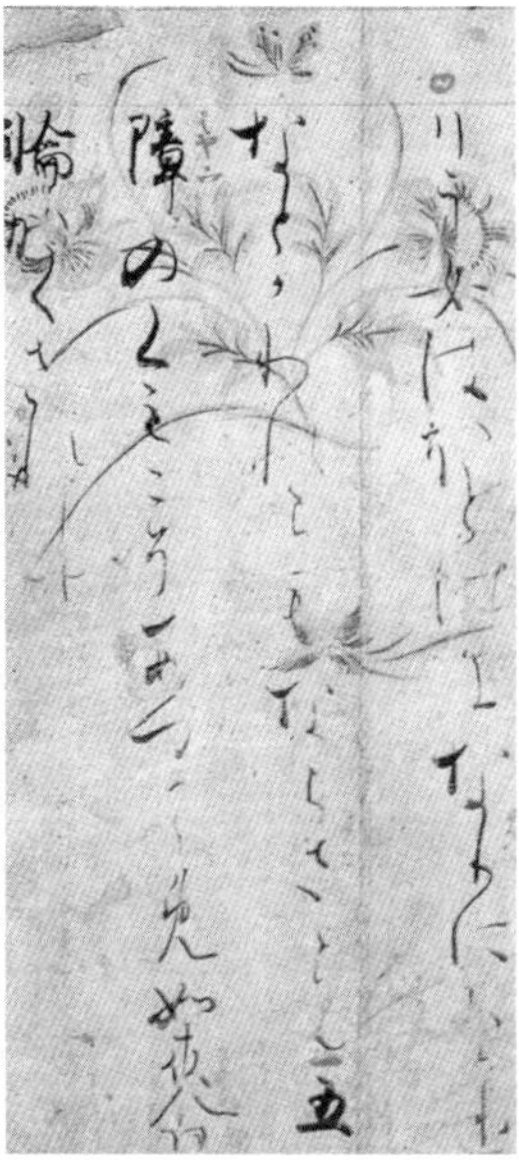

梁塵秘抄切「りう女ほとけになりにけり—」という巻2の一部（個人蔵）

したがってこれ以前の熊野詣や賀茂詣は出家の暇を申すだけでのものではなく、『梁塵秘抄』の完成を祈る参詣でもあったろう。熊野で今様を謡い尽くしたというのも、『梁塵秘抄』としてまとめていた今様を謡いあげたのである。

上皇はその撰集の目的について、和歌には「髄脳《ずいのう》」や「打聞《うちぎき》」など多くあるのに、今様にはないことから、源俊頼《としより》の髄脳（『俊頼髄脳』）に倣って撰び記した、と述べている。今様を和歌と並ぶ地位に引き上げ、それの次代への継承を意図していたのである。詩や和歌などは書きとめれば末の世まで伝えられるが、今様のような「声技」の場合はすべてがなくなってしまう。そこで今様を何とか後世に伝えるべく編んだわけである。

そもそも上皇は今様を介して神仏に通じることにより、神仏からの外護を期待していた。祖父の白河院が石清水八幡宮に捧げた保安四年（一一二三）七月の願文には、王権は神仏から授けられたものであるという考えが示されていたが、後白河上皇はこの神仏からの守護を得る望みを今様に託し、神仏の意思を直接に聞くためにも今様が必要と考えた。度重なる熊野詣はそれぞれの時期に上皇が神の意思を聞いたり、確かめたりするためのものとして行なわれ、今様は神との交信の媒介をしていたのである。

本来、今様は遊びの一つに過ぎず、上皇も当初は貴族や遊女たちと交わりながら熱心に習い覚えたものであれば、天皇になれば縁も切れるはずだったが、そのまま学び謡うことで王権の装置として機能するようになったのである。そうなった背景には、古代の王権の装置が十分に機能しなくなっていたという状況とも関連している。詩歌の言葉や舞、管絃の音曲などにより王権はこれまで装飾されてきていたが、しだいに様式化されるなかで社会変動に対応しきれなくなっていて、新たな王権の装置として今様が機能することになったのである。

嘉応元年四月には皇太后滋子が院号宣下により建春門院となり、これで出家のための準備がすべて終わったことから、六月十七日に上皇は出家を遂げている。上皇はこの四、五年の間常に思っていたが、遅れて今に至ったという。法住寺御所の懺法《せんぽう》堂で出家の儀式が執り行なわれ、出家の戒師は前大僧正の覚忠《かくちゅう》で、これを始め八人の役僧は唄師《ばいし》を法印公舜《こうしゅん》・憲覚《けんかく》、剃髪を尊覚《そんかく》・公顕《こうけん》が勤めるなど、すべて三井寺《みいでら》の門徒から選ばれた。上皇の三井寺の僧への帰依の深さが知られる。

上皇の年は四十三、法名は行真。出家にともなって大赦が発令され、獄囚九十三人と検非違使《けびいし》所にいた百三十四人の囚人が解放され、流人の悪僧十五人も召し返されている。

出家の意味

上皇の出家にはどんな意味があったのであろうか。先例を見ておこう。永長元年（一〇九六）に出家した白河院の場合、娘の郁芳門院《いくほうもんいん》の死にあってその「哀傷」により翌日に出家している。したがってそのまま政治の場から退くかに思われたのだが、堀河天皇が数年にして亡くなったため、政治の場に復帰し、孫の鳥羽天皇を立て、さらに摂政に藤原忠実《ただざね》をすえて政治の実権を握るところとなった。

永治元年（一一四一）に出家した鳥羽院の場合、その年に崇徳が退位して近衛天皇が位につき、母の女御得子《とくし》が皇后になっているので、これは法皇となって院政を強力に行なうことになった白河院の前例を踏まえ、より強い実権を握ることを目指したのである。出家する前年に政界に大きな影響力を有していた摂関家の忠実が出家していたこととも大いに関係がある。

後白河院の場合は、鳥羽院の例に沿って出家したのであろう。政界に大きな影響を有する前太政大臣清盛の出家の後をうけてのもので、憲仁の即位や女御滋子の皇太后任とは前後するが、彼らを法皇として護持する意味があったと考えられる。これまでも院は親王から天皇・上皇へとその身体を変化させてきていたが、それは自ら特に望んでなったものではない。しかしこの度は自らが望んで法皇となっており、王の身体の意味するところを強く自覚してのことであった。

忍辱衣《にんにくのころも》を身に着れば　戒香《かいこう》涼しく身に匂ひ
弘誓《ぐぜい》やうらくかけつれば　五智《ごち》の光ぞ輝ける

この時の法皇の立場を詠んだ歌を探せば、この九九番歌が該当しよう。忍辱とは種々の苦難に耐えて安らぎの心を持つことで、その修行の衣が忍辱衣である。ここには出家したことの清々しさが謡われている。

したがって院政自体に大きな変化はなかった。当初、蔵人頭《くろうどのとう》の平信範《のぶのり》は法皇への奏聞《そうもん》が困難になったことを近習の人から聞いて、建春門院を通じて奏聞を行なったが、それは仏事が多くなったための一時的なことで、すぐに解消されている（『兵範記《へいはんき》』）。この嘉応元年（一一六九）には「天下一同の大旱魃」と称されたような旱魃が起きていたので（『平安遺文』）、法皇は神泉苑で祈雨の読経などを命じ、やがて雨続きになると止水の祈りを命じるなど、なすべき仕事は実に多く、引退することなどはとてもかなわなかった。それどころか、九月十八日には蔵人らを呼び集め、公事について公平を存じて忠節を尽くすように、これから熊野詣に出かけるので公事を怠らぬように指示を出している。

出家後の最初の熊野詣は十月十五日に建春門院を帯同して進発している。出家したことの報告である。その熊野から帰った十一月二十五日には、新帝の八十島祭《やそしままつり》の使者として重盛の妻大納言典侍《だいなごんのすけ》が重盛の六波羅《ろくはら》亭から出立したが、これには一族の人々が二十余人、家僕の諸大夫二十余人が前駆を勤め、典侍の車のすぐ後ろには護衛の平知盛《とももり》が従い、公卿には大納言藤原隆季《たかすえ》、右兵衛督藤原兼雅《かねまさ》、中納言藤原成親、検非違使別当平時忠、宰相中将平宗盛、参議平教盛《のりもり》、大宰大弐藤原信隆らが行列に連なり、その後ろには百人もの武士らが従っていた。この平氏の威を示す行列を法皇と建春門院の二人が七条殿の桟敷で見送った。

比叡山の大衆蜂起

出家した法皇が直面したのは、嘉応元年（一一六九）十二月におきた延暦寺大衆《だいしゅ》の強訴《ごうそ》である。尾張の目代《もくだい》が美濃国の平野庄の住人で比叡山の中堂の油を奉仕する日吉神人《ひえじにん》を陵礫《りようれき》したことから、それをめぐって双方が朝廷に訴えた結果、尾張が院近臣の藤原成親が知行する国であったことから、神人三人が禁獄に処された。これに怒った大衆が強く訴え、神人の解放を勝ち取ると、さらに成親の流罪をも求めてきたのである。

十二月二十三日には大衆が山を下りて京極寺に集まり、洛中が大騒動となったので、検非違使や武士が上皇の御所に集まって警護したが、大衆は天台座主以下を押し立てて大内へと向かい、神輿を待賢門・陽明門の辺りに据え置いて、幼い天皇に訴えた。声を放ち、鼓を叩き、高声しての狼藉は極まりないものであったという。

驚いた法皇は院の殿上に太政大臣らを集めて議定《ぎじよう》を行ない、大衆に院の陣に来るように求めたが、大衆は動かなかった。そこで平重盛、宗盛、頼盛らの武士を派遣して追い返す案も出されたが、夜中なので禁中が危ないという理由から、出席者の賛同が得られず、尾張の目代の解官《げかん》などの処分を大衆に伝えるにとどまった。しかしそれでは大衆が納得せず、ついに神輿を放置して分散してしまったため、法皇も折れて翌日に目代の解官と成親の備中国への流罪を伝えている。

喜んだ大衆は山上に帰り、神輿も帰座した。九条兼実《かねざね》はこの事態について、一切裁許しない方針が、大衆がやって来るとすぐに捨ててしまうようでは「朝政に似ぬ」ものであり、武士を派遣できなかったことも「有りて亡きがごときの沙汰」と厳しく批判している。だが二十七日になって、法皇は大衆の騒動によって成親を流罪に処したことを悔い、騒動にくみしたという理由から天台座主の明雲を護持僧から除くとともに、大衆の言い分のままに動いたとして、伝奏の平時忠と蔵人頭の平信範を解官・流罪となし、成親を召し返す処置をとった。

しかしこれには当然、山門の大衆が再び動き出すところとなり、ついに翌嘉応二年正月十七日に清盛が福原から入京し、六波羅の辺りに武士が群集すると、二十二日に裁断が再び逆転する。成親の流罪と時忠・信範の召し返しが審議され、ようやく二十七日に法皇は山門の僧綱《そうごう》に向かって、今回は要求に沿って裁許するものの、以後の延暦寺の訴訟は取り上げない、と言い切り、二月十二日に座主もまたこのままでは山を離れることを通告したことによって、「大衆和平」が実現した。こうして、騒動がおさまると、二月十六日に伊勢神宮以下の七社に感謝の祈りをささげた法皇は、再び熊野参詣へと向かっている。

上皇が法皇になったのは、このように頻発する寺院の大衆の動きとも関連していたのである。四月には、法皇は東大寺で受戒するために南都に下って、清盛と同時に受戒している。鳥羽院が摂関家の忠実と同日に東大寺で受戒した例に倣ったもので、二人の緊密な関係をよく物語っている。無事に受戒が終わって京に戻った法皇は、四月二十一日に成親を元の官職につけて検非違使別当となしたが、その二日後に清盛は近衛基実《もとざね》の子基通《もとみち》の元服の儀式をその義祖父として取り仕切って福原に戻っている。

9　我等が宿世のめでたさは

列島の身体

嘉応二年（一一七〇）九月二十日、法皇は清盛の福原の別荘を訪れ、近くの大輪田泊に来着した宋人と会っている。清盛が大陸との貿易を進めるなか、福原に宋人を招き入れ、ついに法皇に会わせるまでに至ったのである。『玉葉《ぎょくよう》』はこのことを「我が朝、延喜以来未曾有の事なり。天魔の所為か」と記して批判しているが、これによって日宋貿易は本格化していった。

早くから平氏は貿易の利に目をつけており、清盛の父忠盛《ただもり》は肥前の神崎荘を知行するなかで日宋貿易にかかわって大宰府とトラブルをおこすこともあった（『長秋記《ちょうしゅうき》』）。清盛や頼盛《よりもり》は日宋貿易を管理する大宰府の長官となったこともある。この時期の博多には「綱首」と呼ばれる宋の貿易商人たちが居住するようになっており、栄西《えいさい》や重源《ちょうげん》などの僧は大陸に渡っていた。中国の史書は、この頃から「日本の商人」が渡ってくるようになったと記している。

日宋貿易に連動して五月二十五日に奥州の藤原秀衡《ひでひら》が鎮守府将軍に任じられている。これを聞いた兼実《かねざね》は、「夷狄」の秀衡を将軍に任じるとは「乱世の基」と指摘しているが（『玉葉』）、日宋貿易で宋の商人たちが強く求めていたのは金であったから、その金の貢納を求めて秀衡を鎮守府将軍に任じたのであろう。鎮守府将軍は長らく陸奥守の兼任とされ、陸奥国の産物を折半して収入としてきていたので、秀衡の任官にはその産物の収入を保証しつつも、金の貢納を求める性格のものであったと見られる。この時期、伊勢神宮の造営など、国々には多くの課役がかけられており、日宋貿易の財源にも不足をきたしていたから、その不足を解消するための方策でもあった。

奥州藤原氏はこれまで「夷狄」として警戒されてきたが、すでに秀衡の父基衡《もとひら》が平泉に毛越寺《もうつじ》を造営するにあたっては、本尊の薬師如来を京の仏師に多くの報酬をあたえて依頼し、寺の額の字も関白忠通《ただみち》に書いてもらっており、ついには御願寺となしていた。秀衡は平泉館を本拠にして陸奥・出羽に大きな勢力を築くと、このように鎮守府将軍になったことで、都からやってくる多くの人々を受け入れた。源義朝《よしとも》の遺児義経《よしつね》はその一人である。大陸から唐物が平泉に次々と入ってくるかわりに、奥州の産金は博多を経由して大陸へともたらされた。

奥州の藤原氏のみならず、この時期には各地の武士が館を中心とした拠点を築いていた。平治の乱で伊豆に流された源頼朝《よりとも》を受け入れたのは伊豆の伊東氏や北条氏であるが、彼ら東国の武士たちは皇居の大番役を勤めるために上洛して都の文化を吸収していた。遊女や傀儡子《くぐつ》たちはそうした武士の館を訪ねては芸能を披露しており、その様を詠んだのが次の三五二番である。

上馬《じょうめ》の多かる御館《みたち》かな　武者の館とぞ覚えたる
呪師《じゅし》の小呪師の肩踊　巫《きね》はかたの男巫《をとこみこ》

このように日本列島は大陸の動きと連動し、一つの身体として動き始め、それに沿って王の身体も変化してきたのである。翌承安元年（一一七一）七月二十六日に大陸から輸入した羊五頭と麝香《じゃこうじか》一頭が清盛から法皇に献じられたが、折から疫病が流行すると、疫病は院の御所にいた羊三頭から「羊の病」と称されている。また広く宋銭が流通するようになっており、土地の売買に銭を使用した例をみると、早くは嘉応二年四月に見え、安元二年（一一七六）六月と続くが（『平安遺文』）、治承三年（一一七九）六月には流行病が「銭の病」と称されたほどである（『百練抄《ひゃくれんしょう》』）。

これまで王の身体は京という狭い地に閉じられていたが、これ以後は列島全体に開かれた身体として機能してゆくようになったのである。

建春門院の権勢

嘉応三年（一一七一）正月三日に高倉天皇の元服の儀式が行なわれ、天皇の立場が安定したことにより、これを契機に国母の地位が確定した建春門院《けんしゅんもんいん》の存在はさらに重みを増した。『愚管抄《ぐかんしょう》』は建春門院について次のように語っている。

院ハ又コノ建春門院ニナリカヘラセ給テ、日本国入眼《じゅがん》モカクノミアリケレバ誠ナルベシ。先ハ皇后宮、ノチニ院号国母ニテ、

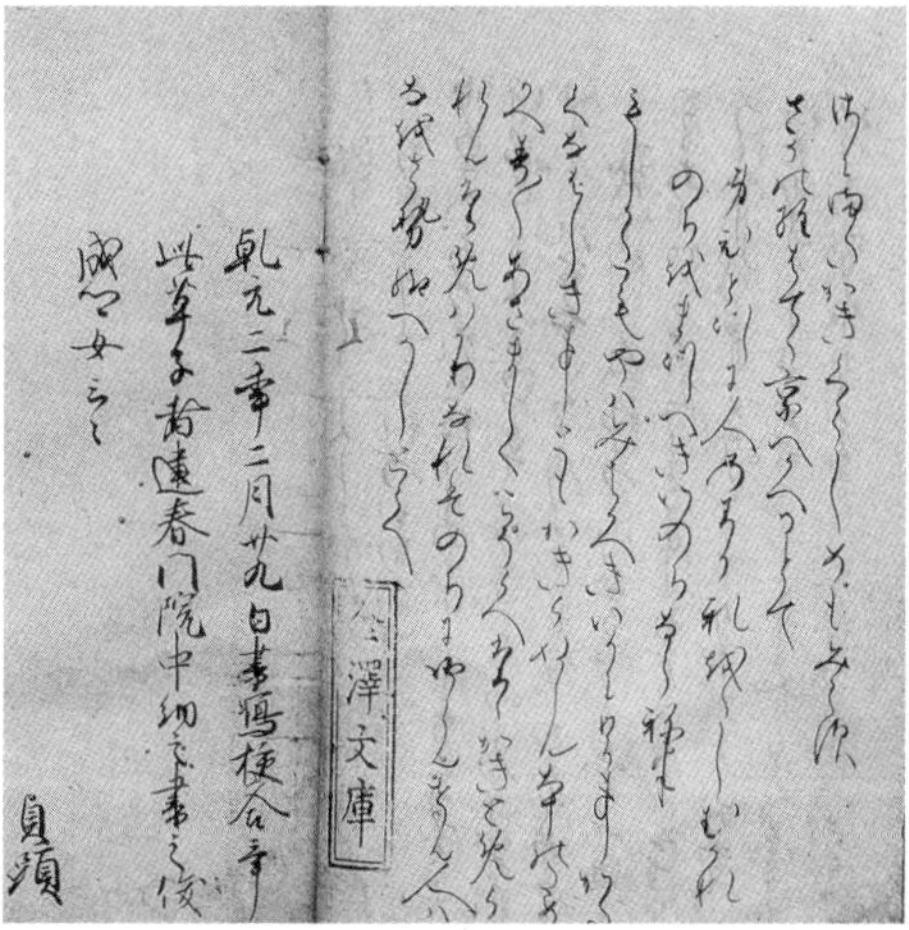

建春門院中納言日記（神奈川県立金沢文庫保管）

慈円《じえん》は日本の政治は女性の助けにより成り立つことを主張し、建春門院の存在にそのことを見ていたのがわかる。摂関家出身の慈円は、摂関政治が藤原氏出身の女性が皇后・国母となって政治を助けて成り立っていたことを理想としていたので、それに準ずるものとして上皇を支える建春門院を見ていたわけである。

建春門院は相当にしっかりした女性であったらしい。女院に仕えた建春門院中納言の日記は「おほかたの御心おきてなど、まことにたぐひすくなくやお

はしましけん」とその心遣いが立派だったことを述べ、女院の御所の内部が整備され、仕える女房も立ち居振る舞いが立派だったと指摘し、さらに「大方の世のまつりごとをはじめ、はかなきほどのことまで、御心にまかせぬことなし」と、政治の上でどんなに小さなことでも、建春門院の思いのままにならぬことはなく、その賢明な心により、世の中が静かであった、とも述べている。

四月二十二日の除目《じもく》では兄の時忠が権中納言になったが、これは中納言が十人になった初めての例であって「未曾有」と評されている。時忠は『平家物語』に「平氏にあらずんば、人に非ず」と豪語した人物として見える。また藤原実房《さねふさ》が正二位になったが、これは女院の御給《ごきゅう》によるもので、このように院宮の御給で位が上がるのも「未曾有の事」であると批判されている（『玉葉』）。

この日、承安と改元され、五月二十九日に法皇は熊野で六月会《みなづきえ》を行なうための檀越《だんおつ》として熊野に向かい、その往路の六月一日に摂津の住吉社に詣でている。

住吉の神はあはれと思ふらむ　空しき船をさして来つれば

この歌は往時に後三条院が住吉御幸の際に詠んだもので、五三七番歌として収録されているので、法皇は今様として住吉社で謡ったことであろう。その翌日、ここを訪れた歌人の西行《さいぎょう》は、次の歌を詠んでいる（『山家集《さんかしゅう》』）。

絶えたりし君が御幸を待ちつけて　神いかばかり嬉しかるらむ

住吉の神は和歌の神であり、西行がここに詣でた法皇の御幸を祝福したのは、法皇が和歌などの芸能を保護する存在として待望したからであろう。十月二十三日に法皇は建春門院と清盛の福原の別荘に赴いて船遊びを行ない、招いた遊女に祿をあたえている（『百練抄』）。

そして十一月二十八日に清盛の娘徳子《とくし》の入内《じゅだい》が本決まりとなり、法皇の猶子として十二月二日に入内の定めが法住寺殿で行なわれ、十四日に法住寺殿から大内へと入っている。徳子がこのように待賢門院《たいけんもんいん》の例に基づいて法皇の猶子として入内することについては、天皇と姉妹の関係になるとの批判もあったが、そのままに行なわれ、二十六日に徳子に女御の宣旨が下された。この時に使われた衣は安芸の厳島神社に送られることになり、翌承安二年正月八日に京を出て、二月二日に奉納されている。

二月三日には、建春門院の御願になる御堂が法住寺御所に付属する地に建てられて上棟式が行なわれたが、この御堂はその翌年九月に最勝光院と称され、御所としても整備され、多くの荘園が寄せられ、建春門院の権勢を示すものとなった。

我等が宿世《すくせ》のめでたさは　釈迦牟尼仏の正法に
この世に生まれて人となり　一乗妙法聞くぞかし

この六六番の歌は、この頃の法皇や女院、平氏に共通する思いを詠んだ歌となっていよう。それぞれの宿世の目出たさを謳歌する歌であった。

承安二年（一一七二）二月十日には徳子が女御から中宮となり、中宮大夫に大納言の藤原隆季《たかすえ》、権大夫には平時忠、亮には平重衡《しげひら》、権亮には重盛《しげもり》の子維盛《これもり》が任じられ、ここでも中宮の司は平氏一門とその親族によって占められた。清盛は天皇の外戚の地位をも獲得し、『愚管抄』が「皇子ヲ生マセマイラセテ、イヨイヨ帝ノ外祖ニテ世ヲ皆思フサマニトリテント思ヒケルニヤ」と指摘するように、さらには天皇の外祖父となる道を模索していった。二月二十七日に仁王会が行なわれたが、代一度の仁王会ということから諸国の神社五十社に仏舎利が奉納されることになり、厳島神社にも奉納されている。

福原の千僧供養と日宋貿易

得意の極みにあった清盛は、三月に福原に法皇を迎えて千僧供養を行なった。既に仁安四年（一一六九）三月にも千僧供養を行なっていたが、この年の供養はことに大規模で、『古今著聞集《ここんちょもんじゅう》』にも詳しく記されたように、導師の法印公顕《こうけん》が僧正に任じられたり、万灯会が開かれたりするなど、かつてないものであった。

供養は三月十五日から十七日までの三日間、輪田浜に仮屋を道場として持経者千人を招いて法華経の転読を行なったもので、その布施は平親宗《ちかむね》が奉行して諸院宮をはじめ上達部《かんだちめ》・殿上人や北面に至るまで進めさせたが、法皇も御幸してその一口を負担し、法印三人の次に行道もし、四十八壇の阿弥陀護摩にも加わった。供養の目的は元服した天皇の守護と天下の安穏の祈りであった。

千人も持経の僧を集めるのは容易なことではなく、平氏の家人を通じて諸国の一宮や地方寺院の僧など広く集められたのである。承安二年三月十八日に厳島神主の佐伯景弘《かげひろ》は十人の持経者の読んだ経の報告書を作成しているが、その持経者は河内国の七つの寺の僧と厳島神社の住僧であった（『厳島神社文書』）。

このように持経者が広く地方から集められたこともあって、諸国の「土民」も結縁して針や餅などを差し出しており、輪田浜に仮屋が作られて道場とされたのであるが、その参加した一人に西行がいて、次の歌を詠んでいる（『山家集』）。

六波羅太政入道、持経者千人あつめて、津の国わだと申す所にて供養侍りける。やがてそのついでに万灯会しけり。夜更くるままに灯の消えけるを、おのおのともしつきけるを見て、

消えぬべき法の光のともし火をかかぐるわだのみさきなりけり

十月にも千僧供養が行なわれたが、これに先立って法皇は一身阿闍梨《いっしんあじゃり》に任じられ、供養の大阿闍梨をも務めている。法皇は単に出家者として法会を経営しただけでなく、供養を僧の立場で指揮したのである。王の身体の変化には止まることがなかった。

この秋の千僧供養が行なわれた前月の九月、中国の宋から法皇と清盛に供物が送られてくることがあって、その送文には「日本国王に賜ふ物色、太政大臣に送る物色」と記されていたことから、国王に賜うとはすこぶる奇怪であるとして、返却すべきか、留め置くかが議された。中国から牒状が送られてきた先例が調べられ、この度は国王からのものではなく、地方官である明州の長官から供物であることから、一旦は返すことになったという。

ところが翌承安三年三月二日になると、清盛の命を受けた左大臣藤原経宗の計らいにより返牒《へんちょう》が出され、答進物が送られている。返牒は文章博士の藤原永範《ながのり》が草案を作成し、能書の藤原教長《のりなが》が清書したもので、送られてきた進物が極めて美麗であることを称え、「太政天皇」（法皇）からは色革三十枚を納めた蒔絵厨子と砂金百両を納めた手箱一合を、清盛からは剣一腰と物具の入った手箱一合を返礼として送るとしている。

これらの話を聞いた兼実は、蒔絵厨子に色革を納めるとはこれまでにないことで、剣などの武具を国外に出すこともよくないとし、そもそもこうした大事を人々に相談もせずに決定するのは問題であり、さらに仏陀の道に入った法皇を太政天皇と称するとは何事かと、強く批判を加えている(『玉葉』)。

その直後、清盛が恒例となっていた福原での護摩や法華経供養を行なっている最中、宋朝の使者が訪れることがあったが、これに清盛が面会もせずに人を会わせたことから唐人が怒って帰ってしまう事件がおきている。その後の続報がないところを見ると、特に問題にはならなかったのであろうが、このような日宋交流の幅広い展開とともに、福原の外港である大輪田泊の修築が行なわれた。『延慶本平家物語』によれば、清盛は承安三年から家人の阿波民部《あわのみんぶ》成良《しげよし》に命じて港湾を造らせたが、その際に一切経を書いた石を沈めさせて島を築いたので、それは経島と称されたという。

Ⅳ　王の祭り

10　喜び身よりも余るらむ

芸能と院近臣

法皇を中心にした芸能の催しが広く行なわれ始めたのは承安二年（一一七二）のころからであった。その五月二日の鵯合《ひよどりあわせ》については『古今著聞集《ここんちょもんじゅう》』の巻二十に詳しく記されている。

東山仙洞にて鵯合のことありけり。公卿・侍臣・僧徒・上下の北面の輩、つねに伺候のものども、左右にわかたれたり。左方の頭、内蔵頭親信《ちかのぶ》朝臣、右方の頭、右近中将定能《さだよし》朝臣也。

東山の法住寺殿の御所で院に伺候する人々が左右に分かれて鵯の勝負を行なって楽しんだものである。寝殿の東南に台を据え美麗にしつらえて勝負の場となし、仮屋に勝負を判定する算や太鼓・鉦鼓を置き、所々に多くの花々を植えるなど、舞台がこしらえられると、左右に分かれた念人《ねんにん》（競技者）たちが集まるなか、法皇が出御して会は始まった。

まず新源中納言雅頼《まさより》が拍子をとり、「春日なる御堂の山のあをやまの」という今様を謡い、右中将藤原定能が篳篥《ひちりき》、右少将源雅賢《まさかた》が和琴、右兵衛佐藤原基範《もとのり》が笛を演奏するなか、念人が着座して勝負が始まった。一番の左は、左衛門督藤原成親《なりちか》の無名丸を右少将藤原盛頼《もりより》が持参し、右は、五条大納言藤原邦綱《くにつな》の千与丸を右少将源雅賢が持参した。左右の鳥とも「うそ」を吹いて輿があったが、勝負は持《もち》（引き分け）となったという。こうして十二番行なわれ、左方の勝が四番、右方の勝が二番、持が六番という結果となった。勝負が終わると、負けた右方による舞が奏された後、歌女による唱歌、舞妓による舞があって、興に乗った公卿らは庭上で乱舞したという。

六月十日には院の近臣の藤原光能《みつよし》が、法皇の祈りのために等身の閻魔天像を造って、導師に公顕《こうけん》を迎えて供養している。光能は法皇近くに仕えて奏聞を取り次ぐ伝奏を勤めており、前年十二月九日に中将に任じられた時には「驚くべし」と評された近臣である（『玉葉《ぎょくよう》』）。この時期に同じく伝奏を勤めた高階泰経《たかしなのやすつね》や藤原盛隆《もりたか》らは、いずれも知行国を一国あたえられて、法皇に奉仕していた。

六月十四日の祇園御霊会には、特に神輿三基、獅子七頭が法皇から寄せられている（『百練抄《ひゃくれんしょう》』）。この祇園御霊会の祭礼は疫病の時に特に華やかに行なわれたことから、これらは疫病の流行とともに寄せられたのであろう。

七月二十一日には、藤原成親が丹波・越後両国を知行して、贅を尽くした三条殿御所が完成すると、そこに天皇を迎えて院北面の下臈《げろう》が雑芸でもてなしている。翌承安三年三月には院北面下臈の西光《さいこう》が建てた浄妙寺堂の供養に法皇が臨幸して舞楽が行なわれた。法皇の近くに仕える公卿や殿上人・北面の上下臈・僧・入道者などの多くの人々が集まり、勝負を競った。「善を尽くし、美を尽くし」たその費用は、数え上げられないといわれ、供養の導師は法皇が帰依する三井寺の公顕が院宣によって勤めたが、施主の西光は信西《しんぜい》の乳母子で、院の御倉預となっていた。

十月二十一日には建春門院《けんしゅんもんいん》御願の最勝光院の供養が行なわれ、その華麗さと贅沢もまた先例を越えるものであったが、この御堂御所の障子絵には、女院が后位に上った時の平野行啓や院号の後の日吉《ひえ》御幸の図が描かれており、供奉した大臣以下の面貌は右馬権頭藤原隆信《たかのぶ》がその道に堪能であることから描き、その他の絵は絵師の光長が描いたという。

さらに承安四年（一一七四）二月六日には法皇が天皇を法住寺殿に迎えて、闘鶏《とうけい》・咒師《じゅし》・猿楽などの芸能でもてなしており、二月七日に猿楽が北壺で行なわれ、検非違使の藤原師高《もろたか》、惟宗信房《のぶふさ》、源仲頼《なかより》らが伺候するなか、医王丸が武者の手を演じている。このように法皇に仕えた院の近習や北面たちは芸能に能力を発揮したが、やがてこの勢力がしだいに反平氏の動きをとるようになってゆくのである。

厳島参詣

承安四年三月十六日に、法皇は建春門院とともに初めて安芸の厳島へと向かった。この時には平氏一門の宗盛《むねもり》や知盛《とももり》・重衡《しげひら》などが供をしたほか、源資賢や検非違使の平康頼《やすより》、西光などが供奉し、清盛《きよもり》は途中の福原から同行している。法皇に仕えた藤原経房《つねふさ》の日記『吉記《きっき》』は、厳島詣に上皇や女

法皇と建春門院が参詣した厳島神社（広島ゆめてらす提供）

院が赴くのは前代未聞のことであり、「希代の事」と記している。

この厳島詣は建春門院が主導して行なわれたものであって、『口伝集』にはその厳島行きの様子がこう記されている。

安芸の伊津岐島へ、建春門院に相具して参る事有りき。三月の十六日、京を出でて、同じ月廿六日、参り着けり。宝殿の様、回廊長く続きたるに、潮さしては回廊の下まで水湛《たた》へ、入り海の対《むか》へに浪白く立ちて流れたる

このような厳島の社殿や廻廊に潮が入ってくるなどの風景に、法皇は「めでたき事限り無し。思ひしよりも面白く見ゆ。」と感嘆している。

山の調めは桜人　海の調めは波の音　又島めぐるよな
巫女《きね》が集ひは中の宮　厳粧《けさう》遣戸《やりど》はここぞかし

この時に法皇は『梁塵秘抄《りょうじんひしょう》』三二三番に載る厳島を詠むこの歌を謡ったことであろう。ついで歌に見える「中の宮」に仕える厳島の巫女である内侍《ないし》の黒・釈迦二人の舞を見た法皇は、「唐装束をし、髪をあげて舞をせり。五常楽《ごじやうらく》・狛桙《こまぼこ》を舞ふ。伎楽の菩薩の袖振りけむも斯くやありけん、と覚えてめでたかりき。」と賞美している。この内侍の華麗な舞は信西もかつて見たことがあり、後に一遍が見た様子は『一遍聖絵』に描かれている。

厳島の巫女が朝廷の女房の呼称である内侍と称されたのは、その優美で古い姿の舞に起因するのであろう。法皇がその舞に堪能していると、そこに神託を伝える年寄の巫女がやって来て、「我に申すことは必ずかなう。神は後世を申すことを『あはれ』に思われているので、今様を聞かせてほしい」と法皇に今様を所望した。これを聞いて、源資賢に謡うように命じたところ、畏まっていて謡わない。そこで法皇は次の八五番歌を謡った。

四大声聞《しだいしやうもん》如何ばかり　喜び身よりも余るらむ
我等は後世の仏ぞと　確かに聞きつる今日なれば

四大声聞とは、釈迦の四大弟子のことであって、この歌を二度、心に後世のことを思って他念なく謡ったところ、信心が起き、涙がとまらなかったという。さらに清盛が、この厳島の神は後世を申すことを喜ばれる、と言ったのを聞き、めでたさを一層深くしたのであった。

舟のとまりのやさしさは　うしまど・むしあけのせととかや
ふくらやさんかは・むろのうち　たかさごあかしのみなとかは

厳島からの帰りの船のなか、法皇は『古今目録抄紙背』所収の、備前の牛窓《うしまど》や虫明《むしあけ》、福良《ふくら》・寒川《さんかわ》、播磨の高砂・明石などの瀬戸内海の寄港地などを列挙したこの今様を謡ったことであろう。

平氏と厳島信仰

厳島参詣の際に法皇は厳島社に神宝として蒔絵の太刀二腰などを、建春門院は三所ある神のうちの大宮に大日経と理趣経を、中御前（中の宮）に天皇の装束と蒔絵の手箱を、また客人宮に弓矢や剣、金銅製の馬などを寄せている（「厳島野坂文書」）。

これらは大宮の本地が大日如来、中御前の本地が十一面観音、客人宮の本地が毘沙門天であったことに基づくもので、平氏は厳島神社に、大日如来の信仰に基づいて政権の護持を、十一面観音の信仰に基づいて一門の繁栄を祈り、また毘沙門天の信仰には武力の守護を求めていたのである。こうした平氏の厳島信仰は清盛が安芸守の時に始まっており、『古事談《こじだん》』は次の話を載せている。

安芸守清盛が高野山の大塔を造営していた際、その材木を手にしていると、現れた僧が、「日本の国の大日如来は伊勢大神宮と安芸の厳島なり」と語り、そのうちの伊勢大神宮は「幽玄」なので恐れ多いことから、汝は国司でもある故、早く厳島に奉仕するように、と述べてかき消えた。このことがあった後、清盛が厳島社に赴いたところ、巫女が託宣して、清盛は従一位の太政大臣にまで昇るであろう、と予言したという。

やがて清盛は保元・平治の乱を経てその政治的地位を確かなものにすると、永暦元年（一一六〇）八月五日に厳島社に「年来の宿願」と称して赴き、これ以後、厳島への信仰が篤くなっていった。兼実《かねざね》は承安四年の法皇の厳島詣について、この七、八年来、「霊験殊勝」なことから「入道相国一家」が特に信仰して赴いている、と記している（『玉葉』）。

長寛二年（一一六四）九月に清盛は華麗な『平家納経』を寄せたが、それに添えられた願文には、安芸の厳島大明神は四面を「巨海の渺茫《びょうぼう》」に臨み、その「霊験の威」は言語道断なものがあって、これを信仰してからというもの、利生《りしょう》がはっきりし、家門に福祿がもたらされ、子弟に栄華が生じ、今生《こんじょう》の願望は既に満たされたが、さらに来世の妙果も期されよう、と記されており、当社は「観世音菩薩の化現」であるとも記されている。優美な『平家納経』は観音信仰に基づくもので、一門の繁栄を祈ったものであったことがわかる。

続いて仁安三年（一一六八）十一月に厳島神社の神主佐伯景弘《さえきのかげひろ》は、社殿の造営を朝廷に訴えている。厳島神社は鎮護国家の祠であり、安芸国第一の霊社であって、多くの人々の参詣と尊崇を受けてきており、ここに造営を願い出たが、ただ私力だけでは何とも成しがたいので、安芸国の国司の重任の功により、華麗にして荘厳な社殿の造営を求めたい、と記している。

この景弘の訴えが認められて朝廷から造営の宣旨が下されたが、景弘も、当時の安芸守藤原能盛も同じく清盛の家人《けにん》であり、清盛は一門の総力をあげて厳島神社を造営しようとしたのである。翌年四月十八日に正殿の造営が始まり、七月二日に神体が戻されている（『兵範記《へいはんき》』）。額の字は園城寺《おんじょうじ》の覚忠《かくちゅう》に依頼して書かれたが（『玉葉』）、当時は「伊津岐島社」と称されていて、厳島社と称されるのは鎌倉時代になってからである。

清盛は、武神として武をたのみ、政権掌握の願いをこめ、さらに一門の発展を祈って、厳島を信仰したのであるが、こうした厳島に寄せる信仰に基づいて、建春門院は高倉天皇の装束と蒔絵の手箱を寄せ、天皇の成長と護持を厳島社に祈ったのである。嘉応二年（一一七〇）には、法皇も天皇と建春門院の祈禱料のために安芸の壬生庄の田畠在家を厳島社に寄進している（「厳島神社文書」）。

11　君が代は千世に一度ゐる塵の

王化の姿

法皇が厳島に向かった翌日、これに同行しなかった伝奏の藤原経房は公務から解放され、源義家《よしいえ》が奥州で戦った後三年の合戦を描いた絵巻を見ていた。これは先年に法皇が信西《しんぜい》の子静賢《じょうけん》法印に命じて制作させたもので、静賢が御倉から借り出して送ってきたのである。このころ、静賢は蓮華王院領の常陸国の中郡荘の件で、伝奏の経房に頼むことが多くあって、親交を深めていた（『吉記《きつき》』）。

この絵巻は、室町時代の日記『康富記《やすとみき》』文安元年（一四四四）閏六月二十三日条によれば、法皇の命を受けた静賢が承安元年（一一七一）に絵師明実《みょうじつ》に描かせたというが、同じ年には十一月の五節《せち》の様子を描いた『承安五節絵』三巻が制作されているので（『看聞日記《かんもんにっき》』永享三年〈一四三一〉十二月十八日条）、この時期から広く絵画の制作が行なわれるようになっていたのであろう。しかしそれ以前にも、高倉天皇の即位にともなう仁安三年（一一六八）十月の御禊《ごけい》を描く『仁安御禊行事絵巻』七巻が制作されているので（『看聞日記』永享八年二月二十二日条）、高倉天皇の即位を契機に、天皇を中心とした年中行事の絵巻を制作するようになったものと考えられる。

大部の『年中行事絵巻』もこの時期には完成していた。それができ上がったので、故実に優れた摂政の藤原基房《もとふさ》に見せたところ、基房は誤りのある箇所に押紙を貼って、誤りの内容を自筆で記して返してきた。これを見た法皇は、絵を描き直させるのではなく、基房の字を珍重してこの字があること自体、すでに重宝であるとして、蓮華王院の宝蔵に納めさせたという（『古今著聞集《ここんちょもんじゅう》』）。基房は天皇を摂政として支えていたから、『年中行事絵巻』に描かれたような場面についてはよく知っていたのである。

闘鶏の場面。貴族だけでなく、庶民にも親しまれた
（「年中行事絵巻」個人蔵）

現存する『年中行事絵巻』には朝廷の年中行事だけでなく、洛中で行なわれている祭礼や闘鶏などの遊びも描かれているので、あわせて世の中が王化されている姿を絵画で表現しようとしたとみられる。その点で注目されるのは、同じころに制作されたと考えられる伴大納言の話を描いた『伴大納言絵巻《ばんだいなごんえまき》』である。内裏の応天門が焼けたのは大臣の源信《まこと》の仕業である、と伴大納言善男《よしお》が訴えてきたが、摂政の藤原良房《よしふさ》の天皇への進言によって信の罪は許され、さらに無実を信が天道に訴えたことによって、天道が巷の子どもの喧嘩を通じて、その放火が善男の仕業と知らせたことにより、善男は流罪となった、

という話である。

同じくこの頃に描かれた絵巻『信貴山縁起《しぎさんえんぎ》』では、天皇が檀越《だんおつ》となっている東大寺で受戒した信濃の命蓮《みようれん》聖が、大仏の導きで信貴山に住むようになって験を修めたあと、その験によって天皇の病を治したところ、大仏が聖の姉を信貴山に導いて二人に平穏な暮らしをもたらした、という話を描く。これら二つの絵巻はともに説話を描くが、前者では王を守る摂政と天道の物語を、後者では王を守る聖と大仏の物語を描いたのである。

王は様々な形で支えられることで、王化の実があがっていることを絵画によって表現しているのであり、源義家《よしいえ》が奥州で戦った後三年の合戦を法皇が静賢に描かせたのも、同じく王化の実を描かせた点で共通している。

そよ　君が代は千世に一度ゐる塵の　白雲かかる山となるまで

この歌は『梁塵秘抄』の巻頭を飾る一番「長歌　祝」である。法皇はこれを謡って王化の風景を脳裏に描いたことであろう。

相撲の節会

法皇による朝儀復興の実は、さらに承安四年（一一七四）七月二十七日の相撲《すまい》の節会《せちえ》の復興へとつながった。相撲の節会は信西の主導でいったん復活されて以来、久しく開かれていなかったのを再興したもので、法皇が臨席するなか七番の相撲の立会いがあり、その後、楽が奏されて華やかなうちに終わっている。翌日には舞や猿楽などの芸能も行なわれ、八月六日には左大将の藤原師長《もろなが》が相撲人を饗応し、その翌日には法皇が御所の北面の壺にその相撲人を招いて十六番の立会いを行なわせている。

この度の相撲の節会は法皇の主導によるものであり、この節会を開くにあたっては、七月八日に平重盛《しげもり》を空席になっていた右大将に任じている。源雅通《まさみち》が病を理由にして辞退した代わりであるが、雅通は嘉応元年（一一六九）以来、病気で久我の別荘に籠っており、相撲の節会が行なわれることから辞退させられたのである。大将の候補には重盛と花山院兼雅《かざんいんかねまさ》の二人があがったが、清盛の意向により任じられたという。これについて『玉葉《ぎょくよう》』は次のような批判を加えている。

将軍は顕要《けんよう》なり。古来その人を撰び補し来るところなり。今、重盛卿当時において尤も当たる仁と謂ひつべし。ああ悲しきかな。

重盛が右大将になるのにふさわしい、とはなんとも嘆かわしいことだ、と批判している。大将は清盛さえも任じられなかった官職であり、貴族であれば誰しもが望んでいて、かつて藤原信頼《のぶより》はその望みを退けられて挙兵したのである。それだけに清盛の意向のみでは右大将になることは難しかったろう。

重盛は承安元年の年末に病気が癒えて大納言に復帰すると、朝廷の公事をよく勤めていた。承安三年四月十二日に法住寺殿の萱御所が焼けた時にはいち早く駆けつけ、重盛の侍が火元に入って中廊の柱を切って火を消し、法皇に称えられている(『建春門院中納言日記《けんしゅんもんいんちゅうなごんにっき》』)。七月二十日には建春門院の御堂の東側の山を退ける工事を行なうなど、法皇や建春門院によく仕えていたことが評価されての大将任官であったろう。

この任官への清盛の喜びは深く、承安四年七月二十一日の拝賀の儀式には、藤原邦綱以下の公卿十人、殿上人が二十七人も扈従《こしょう》しており(『公卿補任《くぎょうぶにん》』)、平氏の栄華をよく物語るものとなった。なお相撲の節会はこれを限りに以後、行なわれなくなるが、それはかつて内宴がその後におきた平治の乱の記憶とともに行なわれなくなったのと同じく、翌々年の女院の死と関連づけられたからである。相撲自体がとられなくなったのではなく、新日吉社や石清水八幡の祭礼では行なわれており、やがて鎌倉の鶴岡八幡での放生会《ほうじょうえ》に継承されていった。

今様合せ

承安四年九月一日になると、盛大な今様合せが毎日一番ずつ、全部で十五番の組み合わせにより行なわれた。今様に堪能な輩が三十人選ばれ、毎夜に雌雄を決するという趣向で、メンバーには公卿が八人（前大納言藤原実定《さねさだ》、検非違使別当藤原成親、源大納言定房《さだふさ》、花山院中納言藤原兼雅《かねまさ》、新大納言藤原実国《さねくに》、六角宰相藤原家通《いえみち》、左兵衛督藤原成範《しげのり》、宰相中将藤原実守《さねもり》）もおり、さらに四位が藤原実宗《さねむね》・藤原光能《みつよし》以下十二人、五位が十人で、判者を勤めたのは、今様に秀でた妙音院大納言藤原師長と按察中納言源資賢であった。北面の下臈は入っておらず、格式を重んじた会であった。平氏の一門も誰も出席していないが、彼らは和歌をよく学んではいたものの、今様はあまり好まなかったからであろうか。

建春門院中納言はその日記のなかで、姉の夫である成親が「夜もふけ、小夜も、とかや、われまつ里も」と謡った声がすばらしかったと記し、十三日に今様合せがすべて終わって御遊があって、その時に左大将師長が「秋の夜あけなむとす　なにがしの西に」と謡った朗詠には耳を驚かされた、とも記している。『吉野《よしの》吉水院楽書《きっすいいんがくしょ》』によれば、この時に資賢が謡った今様は次の歌であったと記している。

キクニ心ノスムモノハ　ヲギノハソヨグ秋ノクレ
夜深キフエノネ箏ノコト　ヒサシキヤドフク松風

さらに法皇が御遊の後に今様を謡ったところ、その歌を聞こうとして、堂上や堂下に人々が群集し雑人まで入ってきたが、外には追い出されず、天皇に仕える女房も聴聞にやってきたという。法皇がこの時に謡った今様のひとつには次の歌があったことであろう。

像法《ぞうぼう》転じては　薬師の誓ひぞ頼もしき
一度御名を聞く人は　万の病無しといふ

歌は、法皇の今様の師である乙前《おとまえ》が八十四歳で亡くなる際、法皇がその病床を訪ねて、結縁のために法華経一巻を読み聞かせたところ、乙前からの所望があって謡ったものである（『口伝集《くでんしゅう》』）。薬師如来の利益を謡ったもので乙前はたいそう喜んで手をあわせて泣いて喜んだというが、法皇はこの臨終までに乙前から十余年もの間、今様を習ってきており、かれこれ謡い習った歌を集めたり、聴きなおしたり、正統な曲を習い直したりなどして、すべてを伝えられていた。

乙前の死後に催されたこの殿上での今様合せには、乙前への追善の意味もこめられていたのであろう。『口伝集』によれば、法皇は乙前の死後一年間にわたって千部の法華経を読み続けたという。なおこの今様合せには乙前の娘がやってきて、藤原兼雅が「足柄」の中の「駿河国」を謡ったのを聞いて、「これは御所より賜はられたるとおぼゆる節のある」と、法皇から習ったものであろうと語ったともいう。

翌承安五年になっても華やかな儀式が続いた。正月四日の朝覲《ちようきん》行幸の御遊では、天皇が笛を吹いて花を添え、その笛の師の藤原実国が正二位に叙されている。この頃から、成長した高倉天皇を中心とする会も多く開かれるようになっていた。天皇は「風月の御才は、むかしにもはぢぬ御事とぞ世の人は申しける」と称されたように、父とは違って漢詩文や管絃の素養に恵まれていた。

その五日後の正月九日には清盛の妻の二位時子《ときこ》の八条朱雀の御堂の供養が行なわれ、法皇や建春門院・中宮が臨幸したが、二十九人もの公卿が列席するという盛大なものであった。御堂の名は常光明院と命名され、法皇の皇子である仁和寺の守覚《しゆかく》法親王が導師を勤めたが、これに出席した兼実は、「希代また希代、珍重また珍重、末世のこと、弾指すべし」とその華美な様に批判を加えている（『玉葉』）。

また二月から始まった建春門院の百ヶ日の法華懺法では、蓮華王院で毎日米三十石の施行を行い、結願の五月二十七日には軽犯の者の罪を許し、出家した男女に衣を与えている（『百錬抄』）。

12　半天の巖ならむ世まで

蓮華王院の総社祭

承安五年（一一七五）二月十六日、蓮華王院の鎮守として勧請《かんじょう》された惣社の宮始めが行なわれた。堂の北西隅に檜皮葺きの三間朱塗りの宝殿が建てられ、惣社と称されたように多くの神が勧請されたが、それらの神は畿内近国の主要な二十二社のうちの伊勢神宮を除く賀茂社以下の二十一社と、尾張の熱田社、安芸の伊津岐島社、紀伊の日前《ひのくま》・国懸《くにかかす》社、越前の気比《けひ》社などあわせて二十五社にのぼった。

摂関家の法成寺の惣社の例に倣って、各神社の本地を注進させてその仏の図像を描かせて納めさせている。たとえば春日社では、前年に本地の注進が命じられており（『春日社旧記』）、神主が一宮は不空羂索観音、二宮は薬師如来、三宮は地蔵菩薩、四宮は十一面観音、若宮は文殊菩薩であると報告したので、その図像が納められた。厳島社でも、大宮の大日如来、中御前の十一面観音、客人宮の毘沙門天の図像がそれぞれ納められたが、本地の明らかでない賀茂下上社や松尾社、平野社などでは鏡が用いられた（『吉記《きつき》』）。

二十二社のうちに伊勢神宮が入っていないのは、石清水八幡でも八幡大菩薩は宗廟であるとして勧請されておらず、若宮のみが勧請されていることなどからみて、朝廷の宗廟の神として崇められていたからであろう。二十二社以外で勧請された熱田社は、東の代表的な神として勧請されたのであろう。二四八番歌に「関より東の軍神《いくさがみ》」として「熱田に八剣《やつるぎ》　伊勢には多度の宮」と見えている。同じく厳島社は西の代表的な神であって、二四九番歌に「関より西の軍神　一品《いっぽん》中山安芸なる伊津岐島」とある。紀伊の日前・国懸社は南の代表的神であり、二四六番歌に「是より南に高き山」として「日前・国懸　中の宮」とある。したがって今様には見えないものの、越前の気比宮は北の代表的な神として勧請されたのであろう。それぞれ都の東西南北にあって王を守ることが意図されていたのである。

このように蓮華王院の惣社に勧請された神々は、法皇の信仰の基盤をよく物語っており、これまでの二十二社による王権護持の体制から、熱田、厳島、日前・国懸、気比社などをも組み入れた列島の神々による護持の体制が目指されていたことが知られる。その惣社の祭礼は十月三日に初めて行なわれたが、これには公卿・殿上人・僧綱など十三人が院宣によって馬長《うまおさ》を進めており、『玉《ぎょく》葉《よう》』は、例によって、その風流過差が未曾有のものであり、国家の費えは譬えに取る物はない、と批判している。法皇は七条殿の桟敷でその行列を見物し、洛中の貴賤で見物しない人はいなかったといわれるほどに賑わい、相撲や神楽も行なわれた。まさにこの祭礼は王の祭りであった。

かつて白河院は祇園祭に関与して王権を演出したが、法皇はその祇園祭と並んで蓮華王院の惣社祭をも主催し、王の祭りをさらに演出したのである。王城の祭りといえば、鴨川に沿って北に鎮座する賀茂社には賀茂祭・賀茂臨時祭があり、南東の稲荷社では稲荷祭が、真南の鳥羽殿では「城南寺の明神御霊会」が、そして南西の男山に鎮座する石清水八幡では臨時祭や放生会などの祭礼が行なわれていたが、蓮華王院の惣社祭はこうした祭礼を総合した性格を有していた。王の祭りは華やかな法住寺御所を中心に繰り広げられていったのである。

君が愛せし綾藺笠《あやいがさ》　落ちにけり落ちにけり　賀茂河に河中に
それを求むと尋ぬとせし程に　明けにけり明けにけり　さらさら清《さや》けの秋の夜は

蓮華王院のすぐ近くの賀茂川に落ちた、祭礼に使われた綾藺笠の行方に、秋の夜の一夜の逢瀬を詠んだ歌であるが、法皇と女院の間ではこの三四三番歌がよく謡われたことであろう。

法皇の御賀

華麗な惣社祭が終わると、法皇は十月十一日に清盛の福原別荘に向かい、恒例の千僧供養に出席し、それがすんで十五日に京に戻ると、二月二十五日に亡くなった源雅通の後の内大臣の人事に入っている。すでに六月十日の段階で、兼実《かねざね》は、家の生まれや才能、権勢の門に身を入れていないこと、天皇や法皇の側近くに仕えて雅遊に奉仕していることなどの基準から、藤原頼長の子師長こそが内大臣にふさわしいと指摘しつつも、「無双の権勢」を誇る重盛が任じられるのではないかとの危惧を示していた。だが内大臣には師長が任じられ、その後の大納言に藤原成親が、さらにその後の中納言には源資賢が任じられ、法皇の芸能の相手が昇進したのである。

翌安元二年（一一七六）は、法皇が五十歳になったことで、正月からの行事は五十の賀のことで一色に染まった。まず正月二十三日に法皇が御賀の舞を覧じ、二月五日に二度目の御賀の舞を見て、二十一日には御賀の試楽があったが、これは「聖代の佳猷《かゆう》、希代の壮観」と称されている。こうして三月四日に法皇の五十の算を賀す宴と儀式が法住寺殿で行なわれた。この日は舞と楽が披露され、翌日には、建春門院と中宮の女房、公卿・殿上人がそれぞれ船に乗っての管絃の興があり、蹴鞠も行なわれた。この時の蹴鞠の会にあたっては藤原頼輔《よりすけ》が院昇殿を許され、上鞠《あげまり》を奉仕したが、これを契機にして頼輔は院の近臣となり、その後の蹴鞠の家の基礎を築くことになった。六日は御賀の後宴であって、天皇が吹いた笛は聞く者を感嘆させずにはいなかったという。

この御賀の儀式の様子は藤原隆房《たかふさ》の『安元御賀記《あんげんおんがのき》』に詳しく記されており、その末尾で「いぬる年よりけふに至るまで世のいとなみ事ゆへなく、雨風のわづらひなくて過ぬる事、高きいやしき悦びおもはぬ人なしとなむ聞侍りし」と語って、その見事な儀式が無事終了したことを称えている。後宴が終わると、法皇は清盛に院宣で感謝の言葉を送った。

院別当中宮大夫隆季《たかすえ》を御使にて、院宣をくりつかはさる。此度の御賀に一家の上達部《かんだちめ》、殿上人、行事につけても、殊にすぐれたる事おほし。朝家の御かざりと見ゆるぞ。殊に悦びおぼしめすよしおほす。

法皇は隆房の父で御賀を担当した公卿の藤原隆季を使者として、平家の一家の人々の働きにこのように感謝の言葉を送ると、清盛は隆季に金百両を入れた白銀の箱をお礼に送ってきた。これを見た法皇は「物よかりける主かな」と語ったという。

この時の平家一門の活躍を描いた『平家《へいけ》公達草紙《きんだちぞうし》』は、後宴の青海波《せいがいは》の装束見に、右大将重盛が中納言宗盛以下、時忠《ときただ》や頼盛《よりもり》・教盛《のりもり》・知盛《とももり》・重衡・資盛《すけもり》・清経《きよつね》・忠房《ただふさ》・通盛《みちもり》・経盛《つねもり》らの一家の人々を引き連れて向かったその様や勢いは特別なものだった、と記している。

賀宴が終わると、法皇は建春門院とともに摂津の有馬温泉に湯治に向かい、そこから帰ってくると、二十八日にも御賀の舞や童舞を見ており、賀宴の興奮は長く醒めやらぬものがあった。

御前の遣水に　妙絶金宝なる砂《いさご》あり　真砂あり
砂の真砂の半天の巌ならむ世まで　君はおはしませ

この時期の法皇の様子を謡った歌といえば、行く末永い君の代とその長寿を祈ったこの三二二番が最もふさわしい。

祇園御霊会（「年中行事絵巻」個人蔵）

比叡山での受戒

安元二年四月二十七日になると、法皇は比叡山に登山して天台の戒を受けている。すでに嘉応二年（一一七〇）四月十九日に南都に下って東大寺で受戒していたが、さらに比叡山でも受戒したのである。その御幸の行列は七条の御所を女院の見送りを受けて出発し、蓮華王院辺りから鴨川を一条まで北に行き、坂本から水飲《みずのみ》を経て座主の円融房に到着している（『吉記』）。

一行のうち殿上人四十一人には山上に至るまでの伴を命じられており、公卿のうち十三人は途中までであったが、花山院中納言兼雅・左兵衛督藤原成範・右兵衛督平頼盛の三人と関白基房、北面二十三人は山上まで伴をするという豪勢さであった。法皇の登山はこれまで四度あったが、今回の人々の装いは並びないものであって、人々は壮観である、と語っていたという。

根本中堂へ参る道　賀茂川は河広し　観音院の下《さが》り松
実《な》らぬ柿の木人宿《ひとやどり》　禅師坂・滑石《すべりいし》・水飲・四郎坂　雲母谷《きららだに》
大嶽蛇《ざ》の池　阿古也《あこや》の聖が立てたりし千本の卒塔婆

根本中堂に参る道筋を詠んだ歌で、おそらく道中では、法皇はこの三一二番歌を謡ったことであろう。渡る賀茂川は川幅広く、観音院の下り松を経て、実のならない柿の木の地から人宿の地蔵堂へ、禅師坂から雲母坂へと至り、そこから滑石・水飲・四郎坂を経て雲母谷、大嶽、蛇の池を近くに見て行くと、阿古也の聖の立てた千本の卒塔婆に到達する、と謡っている。

その夜、延暦寺の戒壇に昇った法皇に対し、羯磨《かつま》を顕智《けんち》法印が、教授を顕真《けんしん》僧都が、羯磨沙弥《しゃみ》を入道太政大臣（清盛）と清雲《せいうん》（重盛息）が、そして戒和尚を座主明雲《めいうん》がそれぞれ勤めて、受戒は終了した。翌日に法皇は山上の東塔の諸所を巡礼し、夜には根本中堂で番論義があったという。

天台宗の畏《かしこ》さは　般若や華厳・摩訶止観《まかしかん》

玄義や釈籤《しゃくせん》・倶舎頌疏《くしゃじゅんしょ》　法華経八巻がその論義

天台宗の重要な経典を並べた歌で、おそらくこの時に法皇はこの二一三番を謡ったことであろう。すなわち『般若経』『華厳経』、そして天台宗の根本経典で唐の天台大師智凱《ちがい》の講説『摩訶止観』と『法華玄義』、唐の湛然《たんねん》による『法華玄義』の注釈書『釈籤』、唐の円暈《えんうん》が著した『倶舎論本頌疏』、最後に『法華経』八巻をあげてその論義がありがたい、と締め括っている。

この歌は、かつて今様の談義において遊女の小大進《こだいしん》から謡ってほしい、と求められて法皇が謡ったところ、私もそのように謡おうと思っていたが、声が心に叶わなかった、と小大進が謡い方をたたえたものである。法皇は翌日にも精力的に西塔や横川《よかわ》の各所を巡礼したが、この時に法皇が謡ったのは次の二二四番の天台の古跡を訪ねた歌であろう。

帛道猷《びゃくどうゆう》が古き室　王子晋《しん》が故《もと》の跡
いちいちに巡りて見たまふに　昔の夢に異ならず

『天台大師和讃』を今様に謡ったものであり、「帛道猷」とは東晋の天台の僧、「王子普」とは周の霊王の皇太子で、かつて智凱が若いときに見た夢の故地と同じである、と謡っている。

五月一日には根本中堂で供花や薬師経の読経があり、法皇は京に戻ったが、この比叡山での受戒は、これまで法皇が出家の戒師をはじめとして園城寺（三井寺）の僧を重用してきたことから、山門に配慮してのものであろう。山門の大衆には度々苦い思いをさせられており、彼らをひきつけておく必要があったのである。

五月九日には、右大将の重盛に改めて海賊追討の宣旨を下している。かつて仁安二年（一一六七）にも同じ内容の宣旨を重盛に下しているが、改めて武家権門を掌握していることを確認したものである。山門勢力の掌握と並んで、諸権門を統合する院政の体制が一つの頂点に達したことを物語るもので、法皇は五十歳を越えて、いよいよ仏法と政治への意欲を強めていた。

V　王の涙

13　龍女は仏に成りにけり

女院の死の衝撃

平治の乱後から始まった院政は安元二年（一一七六）の御賀を迎えて絶頂期に入ったが、それも長くは続かなかった。六月、法皇と平氏をとりもっていた建春門院《けんしゅんもんいん》が重い病気にかかったからである。熊野詣の精進のために新熊野社に入っていた法皇はすぐに退出し、種々の祈りを行ないはじめ、六月十八日には恩赦を行なって罪人を解放し病の回復を祈っている。かつて病床にあった乙前《おとまえ》のために謡った「薬師の誓ひぞたのもしき」という今様などは何度も謡い、本復を祈ったことであろう。今様と蹴鞠の名手であった侍従大納言藤原成通《なりみち》が雲林院で謡って、病人の物の怪を退散させたという、次の三一番歌も謡って平癒を祈ったに違いない（『古今著聞集《ここんちよもんじゆう》』）。

薬師の十二の大願は　衆病悉除《しゆびようしつじよ》ぞ頼もしき
一経其耳《ごに》はさておきつ　皆令満足《かいりよう》すぐれたり

さらに女院の父平時信《ときのぶ》からの託宣があったということから、その菩提を祈るために十楽院の墓所に寺を建てたり、大般若経を写経して供養することを図ったり、また千僧読経を法勝寺で行なったりと様々に試みた。しかしはかばかしい効果は得られず、六月三十日に清盛《きよもり》が福原から上洛してきた時、清盛に伝えられたのはもはや絶望という知らせであった。

覚讃《かくさん》や房覚《ぼうかく》、昌雲《しょううん》の三僧正に祈らせ、法皇自身も加持をしたところ、その加持の声ははなはだ高かったという。しかし様々な手を尽くした甲斐もなく、建春門院は七月八日に亡くなっている。年は三十五であった。高倉天皇はこれを聞いて身動きもせず、「御涕泣《ていきゅう》、雨の如し」という状態であったというが、法皇も同じく大きな涙を浮かべたことであろう。

龍女は仏に成りにけり　などか我らもならざらん
五障の雲こそ厚くとも　如来月輪《ぐわちりん》隠されじ

女ながらに成仏した龍女にならって、成仏を望むこの二〇八番の極楽往生の歌などは何度も法皇は謡ったに違いない。そして蓮華王院の東に法華三昧堂を造り、その下を掘って石の辛櫃《からびつ》に女院の遺体を籠めたが、この堂は法皇が終焉のために建立していたものであり、法皇はいずれそこに入ることを考えていたという。

平家と法皇を結ぶこの女院の死は、すぐに両者の関係に不安定要因をもたらし、女院による平和の時代は終わりを告げることになった。その死は平家と法皇との関係に大きな影響をもたらしただけでなく、時代の大きな転換の契機ともなった。『愚管抄《ぐかんしょう》』は「ソノノチ院中アレ行ヤウニ過ル」と記し、『平家公達草紙《へいけきんだちぞうし》』は、女院の死後「誠に其の後よりぞ世も乱れ、あさましける」と世が乱れるようになったと記している。その死の影響の大きさがうかがえる。以後、王の流す涙が人々の視線を集め、新たな社会変動へといざなってゆくことになる。

まだ子のいなかった高倉天皇の存在が不安定になり、皇位継承の候補者を求める動きがすぐに始まった。十月二十三日に仁和寺の守覚《しゅかく》法親王の弟子になっていた法皇の皇子（仁操《じんそう》僧都娘・三条殿の子）が天皇の猶子になっている。この皇子は院近臣の藤原隆房《たかふさ》が養育していた。十月二十八日には同じく院近臣の平親宗《ちかむね》が養っていた江口の遊女が生んだ皇子（後の承仁《しょうにん》法親王）が天皇の子として参内している（『玉葉《ぎょくよう》』）。

それとともに平氏への対抗勢力も表面化してきた。十二月五日の除目で藤原成範《しげのり》・平頼盛《よりもり》の二人の院近臣が中納言に、蔵人頭には左中将の藤原定能《さだよし》と右中将の藤原光能《みつよし》が任じられたが、これが「希代」のことと評されたのは、彼らが有能な廷臣や平氏の平知盛《とももり》などを超えて任じられたからである。知盛は清盛の「最愛の息子」であり、当時「無双の権勢」を誇り、位階も上臈なのに「院近臣」によって越えられたのである（『玉葉』）。定能・光能の二人は院への奏聞を取り次ぐ伝奏で、院近臣であったことが蔵人頭に任じられた大きな理由であった。

八条院の存在感

安元二年には建春門院のみならず、二条天皇の皇后であった高松院が六月に、近衛天皇の皇后であった九条院が九月に亡くなっており、残った女院は法皇の実姉の上西門院《じょうさいもんいん》と、崇徳院の皇太后であった皇嘉《こうか》門院《もんいん》、そして鳥羽院と美《び》福門院《ふくもんいん》の間に生まれた皇女の八条院の三人になってしまった。

八条院（安楽寿院所蔵）

そこに俄かに急浮上してきたのが八条院の存在である。十二月の除目において平氏のなかでは頼盛が中納言に任じられたが、これは八条院との関係によるところが大きく、頼盛は八条院の女房を妻としていた。

八条院は保延三年（一一三七）に鳥羽院と美福門院との間に生まれ、翌年に内親王の宣下があり、父から、「朝夕の御なぐさめ」といわれるような寵愛を受けて育った。久寿二年（一一五五）には天皇の候補ともなり（『愚《ぐ》管《かん》抄《しょう》』）、二条天皇の養育にあたった関係もあって二条の准母とされ、平治の乱後の二条天皇の親政下で応保元年（一一六一）に八条院の院号が宣下され、天皇を支えることが期待されたこともあった。

このように法皇とは浅からぬ因縁のある女院で、これまでも危機的な政治状況にあっては、常に政治の安定を担う役割が期待されてきた。内親王から女院になったタイプにふさわしく、人柄は鷹揚で、権力欲がなく、きわめて無頓着・無造作で、およそ身辺の雑事を指示することもなく、仕える女房たちは思いのままに自由であったという(『建春門院中納言日記』)。

この八条院の存在を際立たせていたのは、父母から相続した莫大な荘園群である。鳥羽院は院政を行なうなかで広く地方からの荘園の寄進を受けると、それらに特権をあたえて保護するとともに、御願寺や皇族の所領とした。八条院はその父母から相続した膨大な所領や、新たに寄進された所領などもあって、安元二年二月に作成された八条院領の目録によれば、安楽寿院領が三十二か所、歓喜光院領が十九か所、弘誓寺《ぐぜいじ》領が六か所、智恵光院領が一か所、蓮華心院領が四か所あり、八条院庁が直接に管轄する庁分領も四十一か所あるなど、あわせて百四か所にも及び、その分布はほぼ全国に及んでいた。

このような八条院のあり方から、多くの貴族の男女がその富と庇護を求め、接近していった。平氏でも頼盛が八条院領を知行していたが、特に平氏の権勢におされた不遇な人々が八条院の庇護を受けており、法皇の第二皇子の以仁王《もちひとおう》も八条院の猶子となって八条院女房の三位局との間に子を儲けている。以仁王は、仁平元年(一一五一)に藤原季成《すえなり》の娘を母に生まれ、永万元年(一一六五)の高倉天皇の親王宣下の翌日に十五歳で元服している。『平家物語』の「源氏揃え」の章には「忍つつ近衛河原の大宮の御所にて御元服ありけり」と、二条天皇の后である皇后多子《たし》の御所で元服したと伝えている。しかし翌年四月に後見をしていた母の兄弟の中納言藤原公光《きんみつ》が解官され、不遇なうちに八条院の庇護の下で過ごしていた。

山門強訴

安元三年正月の除目により、藤原師長《もろなが》が大将を辞した後の左大将に重盛《しげもり》、その後の右大将には宗《むね》盛《もり》が任じられ、両大将が平氏の二人によって占められた。重盛が大将になっただけでも「ゆゆしき事」と人々は思っていたところに、宗盛も並んで大将に任じられたことで「世にはまた人ありとは見えざりけり」と評されたが、実はこれも法皇の人事であった。

法皇が近臣の重盛のみならず宗盛を大将に任じたのは、宗盛が建春門院の猶子として仕えてきたからであって、二月三日の宗盛の拝賀に殿上人十人、蔵人五位六人が伴をしているのは、法皇が特に遣わしたものであったという。そして三月五日には、師長が太政大臣になると、その後の内大臣には重盛が任じられている。

こうしてとりあえずは法皇と平氏とは協調関係にあったが、三月十一日には以仁王の母の高倉三位も亡くなっている。法皇との間に多くの皇子・皇女を儲けてきた三位の死を聞いて、法皇は再び涙を流したことであろう。

女のことに持《たも》たむは　薬王品《やくわうぼん》にしくはなし
如説修行年ふれば　往生極楽疑はず

女性の成仏を説く法華経の薬王品を讃える、この一五三番を謡ったことであろう。三月十四日に法皇は恒例の千僧供養のために福原に向かい、十五日からの三日間、千壇供養法を行なったが、そのうちの百壇は法皇自身が勤め、他の九百壇を東寺・天台・真言の諸宗の長者が勤めたため、京には目ぼしい僧はいなくなったともいわれた。十八日からの三日間は千人の持経者により建春門院の供養を行ない、彼らには殿上人や院の北面・武者所・主典代《しゅてんだい》・庁官などに割り当てて集められた珍重な唐物を引出物としてあたえている。

法皇が福原での千僧供養をすませて帰京した安元三年三月二十二日、山門の大衆が京に下って、加賀の白山の末寺鵜川《うかわ》寺の僧との間で争いをおこした加賀守藤原師高《もろたか》の配流を要求してきた。翌日、法皇は文書を提出して訴えるように座主に伝えるとともに、審議の上で目代の藤原師経《もろつね》を備後国に配流に処した。師高・師経は院近臣の西光《さいこう》の子である。しかし大衆はそれだけでは満足しなかった。

四月十二日の夜に神輿を持ち出すと強訴に及び、内裏の陣に参ろうとして官兵に妨げられ、さらに矢で神輿を射られると、神輿を放置したままに散り散りになった。矢が神輿に当たった前例のないこの事態に大騒動になり、十四日には再び強訴の噂が流れ、天皇が慌てて院の滞在する法住寺殿に行幸している。兼実《かねざね》はその動きに「仏法王法滅盡《めつじん》の期に至るか」「夢か夢にあらざるか」「嘆きて益なし」と記し、予想もできない事態に憂慮している（『玉葉』）。この時期、地方の寺院が中央の大寺院の傘下に入って末寺となって系列化され、また院の近臣が法皇に奉仕するべく知行国の支配を法皇の権威に基づいて強化していた。この二つの動きが衝突し、地方の事件が朝廷の大事へと発展したのである。

十四日、法皇は大衆が下ってきた際に官兵を派遣し、道を塞ぐべきかどうかを人々に問うたが、もしそうなると京が戦場になる恐れが生じる、と反対されて断念している。こうしてはかばかしい結論が出ぬまま、十七日に国司の配流と下手人の官兵の罪科の方針を座主に伝え、十八日には射られた神輿を祇園社に安置するよう祇園別当の澄憲《ちょうけん》に命じて、二十日に国司の師高を尾張に流し、さらに矢を射た平重盛の家人を獄所に下す宣旨を出したので、ここに事件は一応の決着をみた。

京中大火

山門の言い分をそのままにのまされ、無念やるかたない法皇を襲ったのが、その直後におきた「太郎焼亡」と称される京都の大火である。四月二十八日の亥の刻に樋口富小路辺に起きた火事は、折りからの東南の風に煽られ、京中をなめつくした。東は富小路、南は樋口小路、西は朱雀大路、北は二条大路までの百八十町の広範囲に及び、大内でも大極殿以下が、公卿の家では関白以下十三人の邸宅が焼失した。鴨長明《かものちょうめい》の『方丈記《ほうじょうき》』が、物心を知ってからこのかた、見てきた多くの世の不思議の最初としてあげたのが、この大火である。

吹き迷ふ風に、とかく移り行くほどに、扇をひろげたるが如く、末広になりぬ。遠き家は煙にむせび、近き辺りは、ひたすら炎を地に吹きつけたり。空には、灰を吹き立てたれば、火の光に映じて、あまねく紅なるなかに、風に堪へず、吹き切られたる炎、飛ぶが如くして、一・二町を越えつゝ移り行く。その中の人、現心あらむや。或は、煙にむせびて倒れ伏し、或は、炎にまぐれて、忽ちに死ぬ。あるは、身一つ辛くして遁れたれども、資材を取り出づるに及ばず、七珍万宝、さながら灰燼となりにき。

火は都のうちの三分の一、男女の死者は数千人に及んだとも記しており、検非違使清原季氏《すえうじ》の記録『清獬眼抄《せいかいがんしょう》』も「大焼亡」として、その焼失範囲を地図に記すほどに火事は広範囲に及んでいた。なお翌治承二年四月にも大火がおきたが、これは「次郎焼亡」と称され、洛中の南部を焼いている。大火を目のあたりにした法皇は、五月四日に天台座主の明雲《めいうん》の邸宅に検非違使を派遣して、山門の悪僧の張本を差し出すように命じるとともに、翌日には明雲の所職を解き、ついで所領を没官《もつかん》し、十一日には罪名を明法家に注進させて、覚快《かくかい》法親王を天台座主に任じている。王化の実を都で進めてきた法皇にとって、相次ぐ強訴と大火は耐え難い事態だったのであろう。

しかしこれに反発した大衆は、十三日に蜂起すると、神輿を山上の講堂に上げて軍陣を張る動きを見せ、十五日には延暦寺の僧綱《そうごう》が院に群参して明雲の所領没収・配流処分の撤回を求めてきた。明雲は顕宗《けんしゅう》の棟梁であり、天皇の経師、法皇の受戒の和尚であるから、免じてほしい、という訴えであったが、法皇は許さなかった。五月二十一日に明雲を配流となし、翌日に伊豆に流している。

だがその配流の途中で明雲の身柄が大衆に奪い取られてしまったことから、法皇はついに清盛に山門の討伐を命じることになった。五月二十八日に清盛を召し、比叡山の東西の坂を固めて攻めるように命じている。山門とは事を構えたくなかった清盛だが、法皇に押し切られた形である。出家後は福原に退いていた清盛も、ここに至ってついに国政に関与せざるをえなくなったのである。

14　峰の嵐の烈しさに

鹿ヶ谷事件

清盛が山門への攻撃を腹に固めた五月末、その西八条邸に多田源氏の源行綱《ゆきつな》が訪れ、「かかる事

鹿ヶ谷での平氏打倒の謀議の様子を描く（「平家物語絵巻」林原美術館蔵）

こそ候へ」と、藤原成親《なりちか》らの謀議を密告してきた。『愚管《ぐかん》抄《しょう》』には、東山の鹿ヶ谷にある静賢《じょうけん》法印の山荘に法皇が御幸した際、藤原成親、西光《さいこう》、俊寛《しゅんかん》らが集まって平氏打倒を議し、そこに行綱を召して旗揚げの白旗のために宇治布三十反をあたえて用意するように命じた、とある。さらに詳しいのが『平家物語』の「鹿谷」の章であって、それには次のように謀議の様子が描かれている。

鹿ヶ谷山荘に法皇が御幸した時、平氏のことが話題に及ぶなか、藤原成親が立ち上がった際、酒の入っていた瓶子《へいじ》が倒れた。法皇が「あれはいかに」というと、成親が「平氏（瓶子）たはれ候ぬ」と答え、法皇が「者どもまいって猿楽つかまつれ」と命じると、平康頼《やすより》が「ああ、あまりに平氏のおほう候に、もて酔て候」、俊寛が「さてそれをばいかが仕らむずる」、西光が「頸をとるにしかず」と言って瓶子の首を折った、という。

いささかできすぎの話ではあるが、それはそれとして、行綱の密告の内容に怒った清盛は、持参した旗揚げ用の布を焼き捨てるや、六月一日に西光を呼び出して「ひしひし」問い詰めた結果、皆、白状させたという。

『玉葉《ぎょくよう》』は、年来、西光が平氏の悪口を法皇に告げており、今度も明雲《めいうん》の配流の件でも法皇を唆《そそのか》したという噂を載せ、その翌日には、西光が謀議にかかわった人々の名も明らかにした、と記している。その日に西光は朱雀大路に引き出されて首を刎《は》ねられ、成親も呼び出され、流されることになった。強訴のため西坂本まで下ってきていた山門の大衆は、この動きを聞いて、使者を清盛に送り、敵を討っていただいたことはまことに喜ばしい、もしお手伝いのできることがあれば一方《いっぽう》を承りましょう、と述べ山に戻っていったという。

四日には、法皇の近習の人々が搦め捕られて清盛の邸宅に連れてこられた。法勝寺執行の俊寛、北面の卜部基仲《うらべのもとなか》法師・山城守中原基兼《もとかね》、検非違使の左衛門尉惟宗信房《のぶふさ》、同平資行《すけゆき》、同康頼らの六人で、院近臣の木工頭平業房《なりふさ》も連行されそうになったが、法皇が再三にわたって赦免を要求したので免ぜられ、式部大夫藤原章綱《のりつな》（範綱）も一旦は捕らえられながら、放免された。成親は備前に、俊寛と検非違使の平康頼は鬼界島（硫黄島）に流され、基兼も奥州に流された。それとともに五日には座主の明雲を召し返す宣旨が下され、九日には山門の訴えで尾張に流されていた加賀守師高が清盛の家人に攻められて殺害され、備前に流されていた成親には食物があたえられずにやがて殺害された。

事件に連座した俊寛は法勝寺執行として御願寺の経営を行なっており、中原基兼は院庁の主典代で院庁の経営を担い（『吉記《きつき》』）、西光は院の御倉預であった。院の経済を担っていた人々や検非違使の結び付きが浮かんでこよう。密告した多田行綱が誘われたのは源氏の武士を広く募る目的によるもので、行綱は当時、源頼政《よりまさ》と並んで源氏の京武者として活動していた。

ただ彼らが果たして平氏打倒まで画策していたのかは定かではない。武力で倒すだけの力はなかったからである。したがって清盛も法皇にまで手を出すことは控えた。西光の白状を院に持参した清盛は、近臣の藤原光能《みつよし》を呼び出して、「コレハ偏ニヨノタメ君のタメニ候。我ガ身ノタメハ次ノコトニ候」と、法皇に伝えるよう命じて、さっさと福原に下っている（『愚管抄』）。

七月二十二日になって、山門強訴・大火・鹿ヶ谷事件など天下の物騒は、保元の乱の怨霊によるとされて、讃岐に流され亡くなった上皇に崇徳院の称号が贈られ、八月には崇徳の御願として建てられた成願寺で崇徳院供養の法華八講が行なわれている。

皇子誕生の祈りと法皇の祈り

鹿ヶ谷事件以後、高倉天皇に皇子の誕生が強く望まれていたが、中宮の懐妊がわかったのは治承二年（一一七八）五月二十四日のことである。六月一日に着帯の儀式の日取りが議され、二日に清盛が上洛して、翌日に法皇の許に赴いている（『山槐記《さんかいき》』）。清盛の喜びは一方ならぬもので、『愚管抄』は次のような話を記している。

清盛は皇子を儲けて帝の外祖父となって世を思う様にとろうと考え、様々に祈りを行なった。中宮の母の二位には日吉社に百日の祈りをさせたが、その験がなかったのを見て、「ワレガ祈ルシルシナシ。今見給へ祈リ出デン」と、私の力で皇子を祈り出して見せようということから、早船を造って福原から厳島への月詣を始めて祈ったところ、六十日ほどして懐妊した、という。

六月十七日には御産の祈りとして奉幣の使いが厳島社に遣わされたが、このようなことを厳島社に祈るのも先例のないことであった。その時の詔には、厳島の神の徳を仰いで祈るものであり、無事の皇子の誕生によって天皇と朝廷が不動なものとなるように、国家安穏・人民快楽がもたらされるように、と記されていた。

六月二十八日は妊娠五か月にあたって、着帯の儀式が重盛以下の出席で行なわれた。中宮の産所には清盛の六波羅亭の泉殿があてられ、いよいよ皇子誕生に向けての準備が急速に進められていった。ところがそうしたなかにあって、法皇は六月十九日に火打角合《ひうちつのあわせ》を行なっている。これは公卿や殿上人・僧ら四十人と、北面下臈とが勝負する物合《ものあわせ》で、そのために荘園に下知して牛の角を切って献上させたため、その贅沢と罪業とが批判されている。ここからは鹿ヶ谷事件以来、落ちていた法皇の気力も回復しつつあったことがうかがえる。

法皇は続いて九月に石清水八幡に詣でて、その宝前《ほうぜん》で今様を謡ったところ、この時に奇瑞がおきた。『口伝集《くでんしゅう》』によれば、今様を謡っている法皇のところに勧学院の厨女《くりやめ》がやって来て、次のような夢を見たと語ったという。

十二、三歳ほどの美しい児が二人現れ、一人は薄襖《うすあを》の狩衣を着て白馬に乗り、もう一人は白い羅《うすもの》の着物を着て斑《ぶち》の馬に乗っていました。御歌を聞きたくて現れたのだな、と思ったところで目が覚めましたが、その時に、「峰の嵐の烈しさに　木々の木の葉も散り果てて」という御歌が聞こえてきましたので、見ましたところ、宝殿の右側の後方を向いておられました。きっと若宮様がこの歌を聞きたくて現れたのでしょう。

その夢に現れた二人の児は石清水の若宮の神と考えられた。若宮は宝殿に向かって右後ろに鎮座しており、法皇が今様を謡っていた向きと一致していたからである。このことを聞いた法皇は、若宮で今様の会を開いて乱舞や猿楽・白拍子などの芸能を捧げたが、若宮の本地は十一面観音であった。また若宮が反応した今様とは次の歌とみられる（『古今目録抄』）。

峰の嵐の烈しさに　木々の木の葉も散り果てて
清商秋の水の面に　紅葉の錦の波ぞ立つ

この歌は、前年に起きた鹿ヶ谷事件と深い関係があろう。「峰の嵐」（清盛）によって「木々の木の葉」(法皇の近臣)が散り果てたことを内意していたと考えられ、それを謡った法皇に対し、若宮が慰めるべく出現したものと思われたのである。

なお法皇は『口伝集』に「我が身、五十余年を過し、夢のごとし幻のごとし」と記すが、これはまさに治承二年のこの時期にあたっており、左兵衛佐源資時《すけとき》に治承二年三月から今様を伝え始めるようになったと記していることをも考えあわせると、『口伝集』のひとまずの成立はこの治承二年ということになる。

清盛の喜びと恨み

清盛は無事の皇子出産を祈って、治承二年十月十四日に六波羅の御所の巽《たつみ》の角に勧請《かんじょう》した厳島の別宮で神楽を沙汰するなど様々な祈りを行なった。ついに十一月十二日に待望の皇子が生まれると、乳母には平時忠《ときただ》の妻を選んだ。無事の出産を確認した清盛は十六日に福原に戻るが、再び二十六日に上洛するや、今度は皇子を皇太子にするように法皇に要請している。

その審議の結果、立太子が二歳・三歳で行なわれた先例は悪い、ということから年内に行なうところとなった。十二月九日に親王宣旨が下され、十五日に立太子の儀式が行なわれたが、それは清盛の計らいによって、法皇の御所ではなく、六波羅の御所で行なわれ、人々の批判を受けている。

東宮坊の人事は傅《ふ》に左大臣経宗《つねむね》、大夫に宗盛《むねもり》、権大夫に花山院兼雅《かねまさ》、亮《すけ》に重衡《しげひら》、権亮《ごんのすけ》に維盛《これもり》と、平氏一門とその関係者によって固められた。

翌年二月十三日に清盛は日本にまだ渡ってきていなかった『太平御覧《たいへいぎょらん》』の写しをとって内裏に献じ、三月十八日に法皇を招いて厳島の巫女の内侍による舞を八条亭で催し、翌日には法皇の御所でも同じ舞を行なうなど、法皇と清盛の関係も皇子出産により復活したかに見えたが、そこに襲ったのが清盛の身内の不幸であり、その一つが重盛の病気である。

重盛は二月の東宮の百日の祝いに出席した後、三月六日に七条殿御所で行なわれた蹴鞠の会には、法皇が鞠場《まりば》に立って自ら蹴鞠を行なうなか、それに出場していたのだが、やがて病が重くなって籠居するようになり、熊野に詣でて後世のことを神に告げたところ、やや回復したかにみえた。しかし三月二十日に再び病が悪化し、二十一日に法皇が六波羅の小松殿を訪れて見舞った後、二十六日に出家を遂げている。

清盛をさらに嘆かせたのは、六月十七日に清盛の娘で東宮の准母・盛子《もりこ》が亡くなったことで、これにともなって盛子が管領していた摂関家領に対する平氏の支配権が奪われ、倉預には法皇に仕えていた大舎人頭の藤原兼盛《かねもり》が任じられた。この措置に強く清盛が憤っていたところ、七月二十九日には重盛がついに亡くなった。相次ぐ清盛の子の死は、西光の怨霊によるものである、という仮名の落書が内裏に置かれていたという。

嘆く清盛にとってさらに厄介な問題となってきたのが山門との関係である。先の山門追捕《ついぶ》の動きは鹿ヶ谷事件によって回避されたものの、その後、山門では内部抗争が始まり、平氏に追討が再び命じられたのである。事件は前年の治承二年十月、比叡山の衆徒と堂衆とが争う衆徒・堂衆合戦がおきたことに始まる。衆徒は大納言岡に城郭を構え、堂衆は東湯坊に城郭を構えて合戦に及んで、この合戦後、近江国に下った堂衆は「古盗人、古強盗、山賊・海賊」などの「悪党」を呼び集め、再び登山して早尾坂に城郭を構えた。

こうして治承三年六月になって両者が勝負を決するという噂が流れ、衆徒が朝廷に訴えた結果、七月二十五日に悪僧の追捕の宣旨が出され、平氏に追討が命じられたのである。しかし山門との合戦はできるだけ避けたい清盛は、なかなか追討使を派遣しなかった。その清盛を再び怒らせたのが十月九日の除目《じもく》である。院近臣の藤原季能《すえよし》が越前守に任じられ、長年にわたる重盛の知行国が没収されたからである。清盛はとても許されぬ仕打ちと感じたことであろう。しかもこの日の人事では前摂政基実《もとざね》の子で清盛には甥にあたる基通《もとみち》を追い越して、関白基房《もとふさ》の子で八歳の師家《もろいえ》が中納言に任じられた。基通を支えてきた清盛の面目は丸潰れの状態であった。法皇に裏切られたという思いであったろう。

法皇幽閉

法皇はこの少し前あたりから政治に意欲を示しはじめており、八月三十日には新制三十二か条を出している。しかし清盛の恨みについては全く考慮していなかったのであろうか。法皇は十月十日の除目を行なうと、十三日から石清水八幡に十日間の参籠をし、その参籠が終わった二十五日に中納言中将師家の拝賀が行なわれているので、清盛の強い反発は多少とも予想していたと思われる。

八幡《やわた》へ参らんと思へども　賀茂川・桂川いと速し　あな速しな
淀の渡に船うけて　迎へ給へ大菩薩

八幡に参籠した法皇はこの二六一番を謡って、八幡大菩薩の守護を祈っていたことであろう。おそらくいささか性急な清盛や平氏の動きに多少のブレーキをかけようというほどの考えだったのかもしれない。ところが法皇の予想を上回って清盛は強い態度にでてきた。

意を決した清盛は十一月十一日に厳島に詣でるために下ってゆく途中の宗盛を福原に呼び戻すや、十四日に数千人の大軍を擁して上洛し、西八条の邸宅に入ったのである。その時の清盛は「武者ダチニテ俄カニ上リ、我ガ身モ腹巻ハヅサズ」という戦さ姿であった、と伝える（『愚管抄』）。亡くなった重盛の越前国が没収され、盛子の知行する荘園を法皇が管轄するようになったこと、除目で摂関の基房の子師家が平氏と縁戚のある藤原基通を越えて中納言になったことなどを恨んでのものであるという噂が出回るなか、清盛は「天下を恨み、一族を引き連れ鎮西に下る」と圧力をかけると、法皇は屈した。

院政が止められたばかりか、藤原基房の関白も止められて清盛の甥の基通が関白・内大臣となり、十六日には院近臣が搦め捕られ、十七日に大量の院近臣が解官《げかん》されている。それは太政大臣藤原師《もろ》長《なが》、権大納言源資賢《すけかた》、春宮《とうぐう》大夫藤原兼雅《かねまさ》、右衛門督《うえもんのかみ》平頼盛、権中納言藤原実綱《さねつな》、参議藤原光能などの公卿が八人、越前守藤原季能、右中将藤原定能《さだよし》、大蔵卿高階泰経《やすつね》、陸奥守藤原範季《のりすえ》、相模守平業《なり》房《ふさ》、左馬権頭平業忠《なりただ》、河内守源光遠《みつとお》、周防守藤原能盛《よしもり》、検非違使大江遠業《とおなり》らの殿上人・受領・検非違使など三十一人の広きに及んだ。

二十日に法皇は鳥羽殿に移されたが、『百練抄』によれば、それを武士が厳しく警護して、藤原成範や脩範《ながのり》、法印静賢《じょうけん》などの信西《しんぜい》の子のほか、女房二、三人以外は出入りできなくなる措置がとられたという。『愚管抄』は八条院に仕えていた瑯慶《ろうけい》という僧のみが近くに置くことが許されたという。二十一日には大江遠業が自殺し、藤原為行・為保《ためやす》らの近臣の首が切られ、院庁の年預の中原宗《むね》家《いえ》が捕まって院領の目録が接収された。また前関白の基房は備前に流されている。

この清盛の行動は打ち続く身内の不幸からきたあせりによるものであったから、特に新たな政治を目指したわけでもなく、大量の知行国を平氏一門の手にして、勢力拡大を果たしたのを見届け一段落すると、福原に戻っている。しかし法皇を鳥羽殿に幽閉したことの影響は大きい。これまで武家は法皇の命令に基づいて動いてきたのであり、実力で治天の君を代えるような動きにでることはなかったからである。

これを契機に武士が積極的に政治に介入する道が開かれ、武士が武力を行使して反乱を起こすことも可能になった。禁は破られたわけである。清盛の推挙で三位になっていた京武者の源頼政が、クーデター後の十一月二十八日に出家しているのは、すでに新たな動きが始まっていたことをよく示している。

法皇もまさか幽閉されるとは思いもしなかったろう。予期に反した清盛の行動で、多くの近臣を失った法皇は、鳥羽殿の道場でかつて「峰の嵐の烈しさに」という石清水八幡で謡った今様や、次の二三八番の歌を謡って涙を流したことであろう。

あか月静かに寝覚めして　思へば涙ぞ抑《おさ》へ敢へぬ
儚《はかな》くこの世を過しては　何時かは浄土へ参るべき

15　ゆめゆめ如何にもそしるなよ

譲位と以仁王の乱

治承四年（一一八〇）正月下旬頃から法皇が病を患ったので、宗盛の許可を得た医師の和気定成《わけのさだなり》が鳥羽殿に赴いたところ、法皇は涙ながらに今一度の熊野詣に赴きたいと語ったという。法皇をなだめるために歌人藤原俊成《としなり》の娘の京極局（藤原成親《なりちか》の妻）と近臣平業房《なりふさ》の妻丹後局の二人の近習の女房が鳥羽殿に伺候することが認められていた。

そうしたなかで清盛は二月二十一日に高倉天皇の譲位をはかって、安徳天皇を皇位につけたので、高倉院政が始まったが、この時に三井寺の大衆が延暦寺・興福寺の大衆に呼びかけ、法皇や上皇の身柄を奪取して平家の討伐を要求する事件がおきた。この計画は、興福寺の使者が鳥羽殿の法皇に打ち明けたことから、驚いた法皇が平宗盛に事の次第を告げたために未発に終わったものの、もうすでに平氏への反乱の動きは始まっていたのである。

この事件で延期となっていた高倉上皇の厳島への御幸が三月十九日に行なわれている。譲位後の初めての神社参詣に上皇が厳島社を選んだのは、母の建春門院が自分の成長を祈り、安徳天皇がここに祈って生まれたことから特に望んでのものであって、この時に捧げた願文は上皇自らが草案を記し、摂政基通《もとみち》が清書している（『古今著聞集《ここんちょもんじゅう》』）。

その上皇一行が厳島から都に戻ってくる前日、源頼政が以仁王《もちひとおう》の三条高倉御所を訪れて、平氏一族を討って天下を執るように勧めていた。これに沿って、東国の源氏をはじめ武士たちに挙兵をよびかける以仁王の令旨が出され、その令旨を手にして、熊野にいた源氏の一門の源行家《ゆきいえ》が八条院の蔵人になって東国の各地の源氏や武士団に伝えていった。

以仁王がこの挙にでたのは、安徳の即位によってほぼ皇位継承の可能性が遠のいたことや、清盛のクーデターによって所領の常興寺を失ったことなどが関係していたが、『愚管抄《ぐかんしょう》』は、以仁王について「諸道ノ沙汰アリテ王位ニ御心ヲカケタリ、ト人思ヒタリキ」と記しており、広く学芸を学ぶなかで皇位継承を望むようになったのであろう。

挙兵を勧めた頼政は、平治の乱では義朝《よしとも》にくみせず、伊豆を知行して長らく平氏と並んで朝廷に仕えていた。清盛の推挙によって三位になったとはいえ、嫡子仲綱《なかつな》は伊豆守、兼綱《かねつな》は検非違使に過ぎず、その後の出世はあまり期待できない状況にあった。そこで清盛が実力で法皇を排除し政治を切り盛りしている事態をとらえ、また南都北嶺の衆徒が蜂起しようかという情勢を見て、諸国の源氏を誘えば、きっと挙兵すると考えたのであろう。

しかしその謀反は露見し、五月十四日に鳥羽にいた法皇が八条院に仕える藤原俊盛《としもり》の八条坊門烏丸の家に武士三百騎の護衛によって移され、その翌日、以仁王の配流が決まった。検非違使が三条高倉のその御所に向かったところ、宮は既に逃げ去っており、宮の子で八条院に養われていた若宮は、八条院の女房を妻にもつ頼盛が捜索して出家させられ（道尊《どうそん》）、もう一人の宮の子は乳母夫の藤原重季《しげすえ》に伴われて逃れていた。

すべては八条院を舞台におこされた。たとえば頼政に仕えた東国の武士下河辺《しもこうべ》氏も八条院領下河辺荘の荘官であった。八条院自身は直接に関与していなかったが、先に見たような八条院の性格が法皇と八条院を結びつけ、そこに結集した勢力によって乱がおこされたのである。
　挙兵の企てが漏れて三井寺に逃げ込んだ宮と源頼政は、山門の大衆に協力を頼んだものの、拒まれたことから、五月二十六日の夜半に三井寺を出て南都に向かった。地形的に三井寺は攻められるのに弱かったから、興福寺の大衆を頼って南都に赴いたのであるが、その途中を官軍に攻められ、以仁王と頼政は宇治で討死した。

福原遷都

　一件が落着した二十六日の夕方、清盛は、福原から上洛すると、三十日に追討にあたった武士に賞をあたえるとともに、翌月三日に天皇・法皇・上皇らを福原に移すことを伝えている。この急な知らせを聞いた右大臣兼実《かねざね》は「仰天の外、他に無し」と驚いたが、清盛は早くから決めていたものとみられ、ことはすぐに進められて一日早めて六月二日に福原遷幸となった。人々が不安げに見守るなかを数千騎の武士の護衛によって一行は福原へと向かったが、これまで京の整備を進めて王の権威の上昇をはかってきた法皇の思いはどうだったのであろうか。

　ゆめゆめ如何にもそしるなよ　一乗法華の受持者をば
　薬王勇施《ゆせ》多聞持国《ぢこく》十羅刹の　陀羅尼を説いてぞ護るなる

福原京の伝承地とされる神戸市の荒田町遺跡
（兵庫県教育委員会埋蔵文化財調査事務所提供）

法華経を読み、その教えを守ってきた我が身をそしるな、と詠んだこの一六〇番歌を、涙を拭って謡ったことであろう。福原では頼盛の家が内裏とされ、清盛の家が上皇に、平教盛《のりもり》の家が法皇にあてられ、都の造営が進められていったが、このころから飢饉の前触れが現れ、高倉上皇も病気になるなど、不穏な空気が漂うようになった。

やがて八月中旬に熊野の権別当湛増《たんぞう》が謀反をおこしたのをはじめ、東国では八月十七日に源頼朝《よりとも》が伊豆で兵を挙げ、伊豆目代の山木兼隆《かねたか》を滅ぼす大事件がおきた。兼隆は検非違使だったが、父の訴えで官を解かれ、伊豆に下って平時忠の知行国になった伊豆の目代《もくだい》となっていた。

『吾妻鏡』によれば、頼朝のいた北条時政《ときまさ》の館に令旨を帯びた源行家がやってきたのは四月二十七日のことである。その令旨は、「清盛法師」の悪行を次のようにあげる。

威勢をもって凶徒を起こし、国家を亡じ、百官万民を悩乱し、五畿七道を虜略し、皇院を幽閉し、公臣を流罪し、命を絶ち、身を流し、淵に沈め、楼《ろう》に込め、財を盗みて国を領し、官を奪ひて職を授け、功無くして賞を許し、罪にあらずして過に配す。

こうしたクーデター以後の清盛の「悪行」をかぞえあげて、平氏の追討を源氏に促したのであった。六月になると、以仁王の乱の情報も頼朝の耳に入って、ついに頼朝は挙兵に及んだのである。この頼朝挙兵の報が福原に届いたのは八月下旬で、九月五日に頼朝追討の宣旨が出されている。その宣旨は「伊豆国流人源頼朝」が凶徒を語らい伊豆や隣国を虜掠《りょりゃく》しようとしているので、平維盛《これもり》・忠度《ただのり》・知度《とものり》らを追討使として派遣するゆえ、東海・東山道の武士はこれに加わるように、という内容であった。

しかしすぐに出発するのでもなく、一月ほど遅れて九月二十九日に頼朝追討軍が東国に向けて発向したが、その時にはすでに南関東は頼朝の勢力の支配下に入っていた。木曾の義仲《よしなか》や甲斐の武田氏などの源氏も挙兵に動いていた。十月に清盛は厳島社に参詣していたが、その留守中に駿河の富士川で官軍は大敗を喫していた。そして延暦寺の衆徒が遷都を止めて都を戻すように奏上し、もし遷都を止めないならば山城・近江を占領すると告げてきていた。

十一月二日に福原に戻ってきた清盛は、宗盛から都を戻すべきであるという進言を聞き、大いに怒って口論となり、周囲の人を驚かせたというが、こうして始まった還都の動きに清盛も抗せなかった。十一月十一日に新造の内裏への行幸があり、十三日に万機《ばんき》の旬《しゅん》や十五日に五節《ごせち》など行事がすむのを待って、還都が決まった。都生まれの宗盛以下の平氏一門や貴族たちは京都に戻ることを切望しており、延暦寺の強い反対にもあって、清盛は決意したのである。

大仏炎上

十一月二十三日に福原を出た天皇・上皇・法皇の一行は二十六日に京に戻ると、天皇は藤原邦綱《くにつな》の五条の内裏に、上皇は頼盛の六波羅の池殿に、法皇は六波羅の泉殿に入った。それとともに清盛は畿内一帯の反平氏勢力の掃討作戦を開始する。攻められるのに弱い京都の地形から、外に打って出たのである。

十二月二日に近江に平知盛《とももり》を、伊賀に平資盛《すけもり》を、伊勢に藤原清綱《きよつな》を派遣して、十一日に山門の大衆が分裂しそのうちの源氏の武士と結びついていた勢力を退けると、三井寺の大衆をも攻めて十五日までにほぼ平定した。そして二十三日には、官軍を南都に派遣して悪徒を捕らえ搦め、房舎を焼き払うべし、との命令を下したのである。

延暦寺や三井寺などは京に近いこともあって、追捕の対象になったことはあるが、南都はこれまで軍勢に直接に攻め入られることはなかった。東大寺が「我が朝第一の伽藍」であり、興福寺が藤原氏の氏寺であることから、朝廷から手厚く保護されてきたからである。先の承安三年(一一七三)、興福寺と延暦寺が藤原鎌足《かまたり》の墓のある多武峯《とうのみね》の帰属を巡って争い、六月二十五日に興福寺大衆が多武峯を襲撃して鎌足の御影堂も焼き払った事件がおきたときでも、南都の大衆が朝廷の対応に不満を示し宇治に発向して要求を突きつけると、法皇は東大寺・興福寺以下の南都十五大寺ならびに諸国末寺荘園の没官を命じたことはあるが、しかしその没官もすぐに停止している。

だが今回は違った。南都の勢力が攻め込んでくるとの情報が伝えられており、今を逃せば、再び害をなすことは疑いない、清盛はそう決断したのであろう。先手を打って十二月二十五日、平重衡《しげひら》は南都の衆徒攻めの清盛の命令を受けて下り、二十八日に南都に攻め入った。翌日、京の人々に伝わってきたのは、興福寺・東大寺以下の堂宇房舎が地を払って焼失し、春日社だけがわずかに免れたという知らせであった。

兼実はこれを聞いて、「世のため、民のため、仏法王法滅尽し了ぬるか」と記し、さらに「当時の悲哀、父母を喪ふに甚だし」と悲しみを述べ、「天を仰いで泣き、地に伏して哭き、数行の紅涙を拭ふ。」と大いに嘆いた（『玉葉』）。法皇も同じ思いで紅涙を拭ったことであろう。こうして清盛は大きな恨みをかったが、翌治承五年正月、東大寺・興福寺の僧の官職を解き、その所領を没収する措置をとるなど、あくまでも強い姿勢を貫いたのである。しかし、そこに噂として駆け巡ったのが高倉上皇の容態の悪化であり、十二日には余命のないことが判明した。

上皇は前年七月頃から病にとりつかれ、六波羅に戻ってきたときは女房の肩をかりそのまま床についたほどで、十二月二十日には起き上がれない状態であったという。すぐに上皇の死後に向けての慌ただしい動きが始まった。中宮徳子《とくし》を法皇の宮に納めるという奇抜な案や、清盛が厳島の内侍に産ませた女子（御子姫君）を法皇の宮に入れようとする画策など噂が飛び交うなか、清盛が実行したのは、新たな軍制の構築である。治承五年正月に畿内近国の惣官の制度を定め、宗盛を畿内近国の惣官として武力をこの地域に結集して、反乱勢力に対応しようとしたのである。

正月十四日、高倉上皇は平頼盛の六波羅の邸宅で亡くなって清閑寺に葬られた。年は二十一。危急を伝えられた法皇は、すぐに上皇のもとに渡って鐘を打ち鳴らし念仏を唱えたが、最期の面会には及ばなかった。日頃は、法皇が渡ると、深く喜び寝ながら対面され、言語も平常であったという。法皇は大仏が焼かれたうえに、さらに子をも失い、いかばかりの思いを抱いたことか。

観音大悲は舟筏　補陀落海《ふだらくかい》にぞうかべたる
善根求むる人し有らば　乗せて渡さむ極楽へ

上皇や建春門院が寄せた厳島の観音信仰を思って、観音浄土である補陀落海を渡る人々を救うことを詠んだ、この三七番歌を謡ったことであろう。

Ⅵ　王の力

16　十悪五逆の人なれど

院政の復活

高倉上皇の治承五年（一一八一）正月十四日の死に続いて、二月には平氏に近い貴族の藤原邦綱《くにつな》が危篤という報が流れ、さらに清盛《きよもり》さえもが「頭風」を病んでいるとの噂が二月二十七日に都に広がった。しかも閏二月一日には、もはや清盛の病は十中の九は絶望という情報が流れ、宗盛《むねもり》を東国追討に派遣することが中止されるなか、四日の戌の刻に九条河原口の平盛国《もりくに》の家で清盛は亡くなった。享年六十四である。

朝に死を予感した清盛は、法皇に円実《えんじつ》法眼を派遣し、死後のことは万事につけ宗盛に命じておいたので、宗盛とともに天下のことを計らってほしい、と伝えたところ、法皇からの返答は明らかでなく、これに怨みを抱いた清盛は、天下の事は偏えに宗盛が計らうようにしたので、異論はあるまい、と法皇に伝えたという。続いて清盛は一門に命じ、遺骨は播磨の山田法華堂に納め、七日ごとに仏事を行なえばよく、毎日行なう必要はないこと、京都で追善の仏事を行なってはならぬことを遺言し、子孫はもっぱら東国の謀反が治まるように計らうように、たとえ子孫に生存する者が一人になっても骸を頼朝《よりとも》の前に曝すまで戦うように、と指示したという。

心を現世に残しながら死出の旅についたのである。亡くなる前、清盛の体の熱は火のごとくあったが、これは東大寺・興福寺を焼いた報いであるという噂が流れていた。その死を法皇はどう聞いたであろうか。『百練抄《ひやくれんしよう》』には、「八日葬礼。車を寄するの間、東方に今様乱舞の声〈三十人許りの声〉有り。人をもってこれを見さしむに、最勝光院の中に聞ゆ」とあり、法皇は二月二日には最勝光院に遷っているので（『玉葉《ぎよくよう》』）、清盛の死に際しては、今様乱舞のなかにあったらしい。

弥陀の誓ひぞ頼もしき　十悪五逆の人なれど
一度御名を称ふれば　来迎引接《らいがういんぜう》疑はず

法皇は恩讐を乗り越え、悪人をも極楽に導く阿弥陀仏の功徳を詠んだこの三十番歌を謡ったことであろう。もし清盛の死が数年前のことであったならば、涙を浮かべ、動揺は大きかったであろう。しかしここ一、二年の経験は法皇を強くさせていた。それは宗盛が「今においては、万事偏に院宣の趣を以て存じ行ふべく候」と、無条件で法皇の執政を要請していることからも明らかである。幼い安徳天皇を擁して平氏が政治の実権を握り続けることは容易ではなかったのである。

これ以前にも上皇の重病や死にともなって院政復活が求められてきたのに、法皇は引き受けなかったのだが、ここにおいて引き受けることになり、法皇による院政が全面的に再開されるようになった。王の力が再認識され、王の力が蘇ったのである。この後も、混乱と危機が訪れれば訪れるほどに、この王の力が認識されてゆくことになる。

早速、閏二月六日に法皇の御所で関東の乱逆について議定が行なわれ、院庁下文を出して頼朝の追討をはかることになった。法皇はこれに消極的であったが、宗盛が「頼盛《よりもり》・教盛《のりもり》等の卿を招き相議し、重ねて申さしむべし」と強く迫り、清盛が生前に残した措置によって軍事力を畿内近国に集中させて東国軍に対抗することを求めたので、ついに認めた。

しかし平氏が当面する敵は頼朝だけでなく、東山道に木曾義仲《よしなか》、東海道に源行家《ゆきいえ》、さらに四国伊予に河野氏、鎮西肥後に菊池氏など、各国に広がっていた。義仲は、朝廷から反乱軍追討の宣旨をあたえられていた越後の城氏の軍勢を信濃の横田河原で打ち破って、平氏の経済的基盤であった北陸道に入ってきていた。行家は、以仁王《もちひとおう》の令旨を東国の源氏に伝えた内乱の火付け役で、頼朝が関東に勢力を広げるなか、三河から尾張に勢力を広げていた。

そこで平氏は京に最も近くにいた行家との戦いに挑み、三月十日に尾張・美濃の境の墨俣《すのまた》で激突した。平重衡《しげひら》の率いる平氏軍は、この合戦で戦力を畿内近国に集中させたことが機能し、行家の軍兵三百九十人を討ち取る大勝利をあげ、それとともに反攻に転じた。北陸道や南海道、西海道へと追討使を派遣し、四月には肥後の菊池隆直《たかなお》を追討する宣旨を得て平氏家人の平貞能《さだよし》が鎮西に、八月に北陸道追討の宣旨を得て平通盛《みちもり》が北陸道に、九月に平氏家人の阿波成良《しげよし》が河野討伐に四国に、十

六道輪廻思想に基づいて描かれている（「餓鬼草紙」東京国立博物館蔵）

月には平為盛《ためもり》（頼盛子）が熊野の凶徒の追討に向かった。

大仏再建と養和の飢饉

法皇は、閏二月二十五日にかつての栄華の地であった法住寺御所に戻ると、焼き討ちにあった南都の復興に向けて力を注いだ。六月十五日に興福寺造営のための議定を行ない、六月二十六日には、近臣の藤原行隆《ゆきたか》を造東大寺長官と修理大仏長官に任命して、天平の東大寺造営の例に基づいて知識の詔書を下し、勧進によって造営することとした。

その詔は、東大寺が創建された際の聖武天皇の詔にみえるといわれる「若し我が寺興復せば、天下興復し、我が寺衰弊せば、天下衰弊す」という一節を引き、東大寺再興は、人々の「一粒半銭《いちりゆうはんせん》」「寸鉄尺木《すんてつしやくぼく》」の寄進によってなるものであり、その施しによる妙力によって、寄進した人々は長寿を保つことができよう、と寄進による功徳を述べ、法皇が広く天下に勧進して再興にあたることを宣言するとともに、この法皇の身に代わって勧進上人の重源《ちようげん》に大仏の再興を実行するよう命じたのである（『吾妻鏡《あずまかがみ》』）。

大仏再建を実際に担うことになった重源は、当時、六十一歳の高齢ではあったが、中国に三度も渡ったという行動力、山林修行で鍛えられた体力と気力、持経者としての宗教心、勧進の組織力など、これに勝る人物はいなかった。東大寺の大仏は毘盧遮那仏《びるしやな》という、『華厳経』が説く「蓮華蔵世界」の中心的存在である。宇宙の根源を象徴する絶対的な仏であって、密教では大日如来と見なされていた。この大仏の再興を通じても王の力が広く認識されてゆくことになるのである。

仏は様々にいませども　実《まこと》は一仏なりとかや
薬師も弥陀も釈迦弥勒も　さながら大日とこそ聞け

今様には大日如来はこの一九番に詠まれており、法皇はこれを謡ったことであろう。これまで法皇は観音に多くを頼んできたが、これからは大日如来を王の力として頼むようになってゆくことになる。こうして再出発した後白河院政であったが、それを襲ったのが、全国的な飢饉である。飢饉の前触れはすでに前年六月ころからあったが、この年四月になると、道路に餓死するものが満ち溢れるようになり（『吉記《きつき》』）、七月に養和と改元したものの、しだいに深刻になっていった。この二年もの間、続く「世の中飢渇」（飢饉）の様を記したのが鴨長明《かものちようめい》の『方丈記《ほうじようき》』である。

築地のつら、道のほとり、飢ゑ死ぬるものの類、数も知れず。とり捨てるわざも知らねば、臭き香世界にみち満て、かはりゆく形有様、目もあてられぬ事おほかり。いはむや、河原などには、馬車のゆきかふ道だになし。

このような多くの死者を見て悲しんだ仁和寺の隆暁《りゅうぎょう》法印が、死者の額に「阿」の字を書き記していったところ、二か月で四万二千三百にものぼったという。「阿」は梵語の最初の字で、大日如来を象徴している。中世の飢饉はこれを溯る長承・保延年間（一一三〇年代前半）に始まっており、それとともに地方の社会では武士の活動が盛んになって、久寿年間（一一五五年ころ）の飢饉では源平両氏が台頭し保元の乱へと帰結したことがあったが、ここに源平の争乱とともに再び飢饉が発生したわけで、法皇は相次ぐ戦乱と飢饉をその目で見てゆくことになる。

そこで七月に法皇が変異・災いを除く方策を識者に求めたところ、兼実《かねざね》は、徳政の必要性を答申している（『玉葉』）。「当時、関東・海西、寇賊奸究《こうぞくかんきゅう》する也」という認識に基づいて「祈請と徳化」の必要性を強調したもので、具体策としては、神社仏寺への祈禱、民の憂いを除くための兵糧米徴収の免除、諸人の訴訟の裁断、恩赦を行なうことなどをあげている。

十月に石清水八幡宮寺や新熊野社などから申状が出され、これに対して十一月に院庁下文が出されて荘園所領の安堵や課役賦課の停止が命じられているので（『石清水文書《いわしみずもんじょ》』）、法皇は飢饉への対策の一つとして、広く寺社の訴訟を受理し、対応することで徳政の実を示そうとしたのであろう。

法皇の力の支え

養和元年（一一八一）八月一日、兼実は次の二つの噂を耳にした（『玉葉』）。その一つは、平宗盛の勢いが日をおって減少し、諸国の武士らが京に上ってこなくなり、貴賤の所領が武勇の輩に奪われたことから、平氏に背くものが多くなり、平氏の運が傾いたというものである。もう一つは、関東の頼朝《よりとも》が密かに法皇に奏し、平氏・源氏が並んで法皇に仕えるという提案をしてきたことである。その頼朝の提案は次のようなものであったという。

全く謀叛の心は無く、偏へに君の御敵を伐たんとするなり。しかるに若しなお平家を滅亡せられずんば、古昔のごとく、源氏・平氏相並んで、召し仕つるべきなり。関東は源氏の進止となし、海西は平氏の任意なし、ともに国宰においては、上より補せらるべし。

頼朝には謀反の意思は全くないと前置きして、関東を頼朝の支配下に置き、西国を平氏の支配となすというものであった。法皇が宗盛にこの旨を示したところ、それももっともな言い分ではあるが、父清盛の遺言を踏みにじるわけにはゆかない、と拒否したという。かつて保元のころ、若き頼朝が蔵人として殿上で奉仕していた記憶が法皇にはあったので、頼朝の提案を受け入れる余地はあったろう。

翌養和二年正月になっても、「嬰児道路に捨て、死骸街衢《がいく》に満つ」「飢饉、前代を超ゆ」といわれるような惨状が続き（『百練抄』）、二月二十二日には飢えた人が死人を食したことが伝わるなど（『吉記』）、飢饉は悲惨の度を増し、さらに疫病も発生した。この飢饉や、絶えない武士の蜂起のなか、法皇はやがて八条院の御所で八条院と同居するようになった。

兼実が養和二年五月十六日に院に参った時、法皇に会えないと断られて、八条院の方に参っている。六月二十五日に院に参った時にも、法皇は八条院方に渡っていて対面できず、八条院の女房の三位局と会って退出している。この三位局は以仁王との間に宮を儲けた女房であったが、やがて兼実との間にも良輔《よしすけ》を儲けることになる。六月二十六日から八条院が瘧病《おこり》を患った時には、法皇自らが祈って八条院が平癒したという。これらに明らかなように養和二年（寿永元年）には法皇は八条院御所に同居していた。人々の目が法皇に集中するなか、法皇は身の安泰を考え、八条院を頼ったのであろう。

法皇にこの時期に影響をあたえた女性がほかにもう一人いた。清盛のクーデターで殺害された院近臣平業房《なりふさ》の妻・丹後局《たんごのつぼね》である。丹後は業房との間に教成らを儲けていたが、鳥羽殿に幽閉中の法皇に近侍するなか、養和元年十月には法皇との間に皇女覲子《きんし》内親王を儲けている。翌寿永元年十二月十九日、蔵人頭の平親宗《ちかむね》が院宣を伝えて「女房の浄土寺堂」の額を書くようにと兼実に依頼があり、兼実は書くことを了承したが、その際に「件の女房は御愛物なり。その名は丹後」と記している（『玉葉』）。この丹後はしだいに法皇の側近として大きな影響を有するようになっていった。

この時期の天下の情勢はどうであったか。養和二年五月十一日に九州肥後の菊池が追討使の平貞能に帰降したとの報が伝わって、「西海の安穏、天下の悦び」とされるいっぽうで、改元して寿永元年八月十一日には、讃岐前司藤原重季《しげすえ》の使者が以仁王の子の若宮を連れて越前国に入ったという報が伝わり、北陸道に進出してきた義仲の勢力がそれと結びついて東山・北陸道に拡大しつつあった。天下は平氏・頼朝・義仲の勢力により三分された形勢にあった。

これより北には越の国　夏冬とも無き雪ぞ降る
駿河の国なる富士の高嶺にこそ　夜昼とも無く煙立て

法皇は天下三分の情勢に越の国の義仲、駿河の富士の近くの頼朝のことを思い浮かべつつ、この四一五番を謡ったことであろう。

17　空より参らむ

法皇の政治への意欲

寿永二年（一一八三）の春になると、法皇は新たな動きを開始した。まず正月十五日に日吉社《ひえ》に参詣していることが注目される。東国の武士たちが早晩上洛することになれば、比叡山・日吉社は攻防の拠点を占めるようになるからである。

帰命頂礼《きみようちようらい》大権現　今日より我等を捨てずして
生々世々《しようじようせぜ》に擁護して　阿耨《のく》菩提なし給へ

法皇は日吉社の神前で山王神の擁護を頼む、この四二〇番歌を謡ったことであろう。続いて二月九日から院の逆修供養（生前に死後の供養を行なう仏事）を盛大に始め、翌日には、四年もの間、戦乱や飢饉により行なわれていなかった朝覲《ちようきん》行幸が実施され、安徳天皇を法住寺殿に迎えている。九日には妙音院太政大臣師長《もろなが》入道によって東山の妙音堂で供養が営まれて、伎楽が行なわれると、法皇はそこに臨んで所領を寄進し、御祈禱所となしている。師長は法皇の今様の弟子で、音楽に多芸な才を発揮しており、『続古事談《ぞくこじだん》』には、師長が白拍子舞を「亡国の音」として批判したという話が載っている。妙音堂は興国の音楽の場として建てられ、法皇はそれに保護をあたえたのである。なお前年四月十五日に比叡山の顕真《けんしん》が貴賤上下に勧進して書かれた如法経の供養を行なった際にも、法皇はこれに出席していて、この時の舞楽は「稀代の大善」と称されたのであった。

さらに法皇は勅撰和歌集の撰集を藤原俊成《としなり》に命じている。その寿永二年二月の院宣は、「近古以後の和歌、撰進せしめ給ふべし」とあって、蔵人頭の平資盛《すけもり》が奉じて「入道三位殿」俊成に宛てたものである（『拾芥抄《しゅうかいしょう》』）。資盛は重盛《しげもり》の子で、『愚管抄《ぐかんしょう》』に「ソノコロ院ノオボエシテサカリニ候」といわれた法皇の寵臣であった。かつて福原から京に還都した際に法皇に付き添っていたのをはじめ、養和元年（一一八一）十月十一日には資盛の夢によって、法皇は柿の葉に般若心経千巻を書いて東海・西海の海に流している。

資盛は俊成とは親族の関係にあり、俊成の娘建春門院《けんしゅんもんいん》中納言の思い人であっただけでなく、資盛邸で開かれた歌会には俊成・定家《さだいえ》父子が出席し、俊成が判者も勤めている。平氏一門にはほかにも経盛《つねもり》・経正《つねまさ》、忠度《ただのり》など和歌を好む人々が多く、彼らも勅撰和歌集の撰集を期待していた。法皇は和歌をあまり詠んでいなかったが、承安元年（一一七一）に和歌の神である住吉社に御幸したころから和歌を保護するようになり、養和元年には俊成を召して常に参るように命じて、しばしば会い、さらにこの時期には広く芸能を興すことを考えていたので、ついに勅撰和歌集の撰集を命じることになったのであろう。

法皇がこのように意欲的に政治を進め始めていたころ、義仲《よしなか》は頼朝《よりとも》との間に不和が生じていたが、人質として息子の義高《よしたか》を頼朝に送って解消すると、北陸道に軍勢を進め、各地の武士の所領を安堵するなどして支配を広げてきていた。そこで平氏は京の米倉である北陸道を守るべく、四月十七日に平維盛《これもり》を総大将とする十万騎の大軍を北陸道に派遣した。

平氏軍は反乱軍を次々と破って加賀・越中の境にまで進軍したのだが、倶利伽羅《くりから》峠の戦いに大敗を喫すると後退して、六月一日の加賀国の篠原の戦いでも惨敗した。この時には官軍の過半数が死傷し、残った者は山林に逃亡したが、ことごとく討ち取られ、官軍は出陣した時の半数となって六月六日に帰京したという。

法皇は急いで追討の対策を左大臣実定《さねさだ》・右大臣兼実《かねざね》・内大臣宗盛《むねもり》・皇后宮大夫実房《さねふさ》・梅小路中納言長方《ながかた》らの公卿に諮問するとともに、十一日には延暦寺に千僧を招いて薬師経の読経を行なわせて、逆徒平定の祈りを行ない、さらに伊勢神宮の祭主を殿上に招いて、兵乱を平らげた暁には伊勢神宮に行幸することを伝えている。

七月六日には、諸社の訴訟を特別にとりあげて院中で審議する制度を設け、九日と十九日に民部卿藤原成範《しげのり》・源中納言雅頼《まさより》・大蔵卿高階泰経《やすつね》・左大弁藤原経房《つねふさ》・右大弁平親宗《ちかむね》・蔵人頭藤原兼光《かねみつ》らをメンバーとする会議を開くなど、これまでになく積極的に動いた。このメンバーがその後の後白河院政を支えることになるのである。

平氏の都落ち

寿永二年(一一八三)七月になると、すでに木曾義仲が近江に入って都をうかがい、延暦寺に牒《ちょう》状《じょう》を送って、通過するのを邪魔しないよう了解を求めてきていた。これに対抗して平氏の公卿たちは連署して延暦寺を氏寺とし、日吉社を氏社となすことを伝えてその保護を頼んでいる。ここに明らかなように比叡山は攻防の結節点になっていた。

また義仲に対して七月二十一日に三位中将平資盛《すけもり》を追討使として派遣することになったが、すでに義仲が比叡山に登ったとの情報が入ると、法皇の動向に注目が集まった。そこで法皇は二十四日に法住寺殿に御幸し、そこに天皇が行幸する運びとなったが、その日、法皇は御所をひそかに抜け出すや、鞍馬を経て比叡山の横川《よかわ》に登ってしまい、ここに掌中の玉を失った平氏は天皇を奉じて西海に下らざるをえなくなった。法皇を頼りにした平氏も法皇に見捨てられ、山門を敵にしてはさすがに西海に下るしかなかった。かつて清盛の「鎮西に下る」という脅しに屈した法皇だが、今回は比叡山に逃れることで平氏を西海に追いやることになったのである。

平氏都落ちの一報を聞いた兼実は、「前内大臣(宗盛)已下一人も残さず、六波羅・西八条等の舎屋一所を残さず、しかしながら灰燼に化し了んぬ。一時の間、煙炎天に満つ」と、六波羅が焼け

平家の都落ち（「春日権現験記絵」東京国立博物館蔵）

落ちたことを書きとめ、さらに「盛衰の理、眼に満ち耳に満つ。悲しきかな。生死有漏の果報、誰人かこの難を免れざらんや」という平氏の盛衰への感慨を綴っている。

ただ平氏のなかでも頼盛《よりもり》は行をともにせず、山科から法住寺殿に赴き、山上の法皇に身の処し方を伺ったところ、八条院を頼ってゆくように指示があり、京にとどまっている。法皇の寵臣だった資盛も同じく法皇に進退の伺いをたてたが、取り次ぐ人もなく訴えは法皇に届かずして西海に落ちていった（『愚管抄』）。平氏に擁されて摂政になっていた近衛基通《もとみち》は、信仰する春日の神の託宣を得て都に留まったという（『春日《かすが》権現験記絵《ごんげんけんきえ》』）。

七月二十八日に木曾義仲・源行家《ゆきいえ》が南北から入京したので、法皇は二人を蓮華王院の御所に召して平氏追討と京中の狼藉停止を命じたが、その時の二人は並んで前後を争っており、その様子を見た貴族たちは、義仲とるに足らず、と考えたらしい。法皇はこのたびの「義兵」は頼朝に始まり、その成功は義仲・行家にあったとして、勲功については「第一が頼朝、第二が義仲、第三が行家」としたのであった。

ついで天皇が都から西に落ちたため、その後をどうするかを法皇が公卿に諮ったところ、皇位を象徴する神器のないなかで新たに天皇を立てることに難色も示されたが、平氏を追討するのに新主を立てずにどうするのか、という兼実らの論を支えに法皇は新皇を立てることとした。ところがそこに義仲が以仁王の子北陸宮を推してきたのである。しかしそれはとても受け入れられるはずもなく、逆にこれにより法皇の機嫌を著しく損じたのである。

新帝の候補は高倉天皇の皇子の二宮が西海に下っていたので、三宮・四宮の二人であったが、法皇の女房丹後《たんご》が、夢の中で「四宮（藤原信隆《のぶたか》卿の外孫）の行幸があって、松の枝を持って行く」のを見た、と法皇に奏したことから、占いでは三宮と出ていたのを覆し、四宮を立てることになったという。後鳥羽天皇の誕生である。こうした法皇の決断は、それまでならば熊野に詣でて神託を得て行なうような性格のものであったが、戦乱で熊野詣も行なえない状況であった。

熊野へ参らむと思へども　徒歩《かち》より参れば道遠し　すぐれて山峻《きび》し
馬にて参れば苦行ならず　空より参らむ　羽たべ若王子

法皇はこの二五八番を謡いつつ、はるか熊野の神仏の守護を願い祈ったことであろう。

君臣の道

摂政には誰をあてるべきか。これも候補は三人いた。平氏に同道せず都に踏みとどまった近衛基通、清盛のクーデターで関白を退けられた松殿基房《まつどのもとふさ》の子師家《もろいえ》、そして基房の異母弟の九条兼実である。兼実は八条院を通じて任じられるように働きかけていたのだが、法皇の意思は基通にあった。『愚管抄』は、四宮を育てていた院近臣の藤原範季《のりすえ》が、基通をそのまま摂政にすることを進言し、それが法皇の本心にもかなっていて認められた、という。

清盛のクーデター以来、執政の地位を望んでいた兼実は、その決定に落胆は著しく、こうなったのは実は法皇が基通を鍾愛《しょうあい》していたからであるとして、七月の法華御八講の頃に法皇が基通に「御艶気」があり、七月二十日頃に「御本意が遂げられた」という噂を書き記した後、「君臣合体の儀、これを以て至極となすべきか」と記している。この時期の『玉葉』には、信西《しんぜい》が「法皇は愚昧の王である」と語っていたという評をはじめ、法皇への批判が多く書き連ねられている。憤懣やるかたないものがあったのだろう。

上洛を遂げた義仲は松殿基房と結びついて動いていたが、準備が整わないまま京に入ったのが大いなる失敗であった。飢饉と戦乱で荒れていた京においてまず求められたのは治安の維持であったから、洛中を義仲が守護し、周辺を近江・美濃・甲斐の源氏に守護を託したのだが、訓練や経験のない武士を使っての維持活動は大きな反発をうけた。

兼実は、義仲が院御領以下を押領しているので、このままでは「一切存命することはできない」との感想を漏らし、「たのむところはただ頼朝の上洛」と記すとともに、頼朝については「威勢厳粛」「成敗分明、理非決断」と高く評価していた。このころから京都と鎌倉との連絡は極めて密になっていた。平頼盛は八条院の援助で鎌倉に下って行くことになり、後に幕府政所の別当になる大《おお》江《え》広元《ひろもと》もこのころには鎌倉に下っている。兼実も、頼盛と同じく八条院のルートを通じて頼朝との連絡をとっていたものと考えられる。

法皇もまた、義仲を平氏追討のために西国に派遣すると、その留守中に頼朝と連絡をとり、十月には宣旨で頼朝に東国の支配権を認めている。ここにおいて頼朝は名実ともに反乱軍ではなくなり、東国の支配権が公認されたことから、勢力を東国全体に広げていった。

しかしその宣旨には義仲の勢力範囲である北陸道も含まれていたから、義仲が黙っているはずもなかった。激怒した義仲の抗議があって、宣旨から北陸道は削除されたものの、宣旨そのものは撤回されなかった。それればかりか、十一月十八日に法皇は義仲が追討使の任を放棄して勝手に西国から上洛したことを咎め、すぐに西海に平氏追討に赴くよう命じた。そこに頼朝の派遣した弟義経《よしつね》らが伊勢国に入ったという報が都に伝わってきたから、再び義仲の怒りは爆発した。

　これ以前、義仲の動きを警戒していた鼓判官平知康《ともやす》ら法皇の近臣たちは、法住寺御所《ほうじゅうじごしょ》を軍兵で固めていた。かつて清盛のクーデターの前でなすすべなく屈した記憶から、義仲に対抗する意思を示していたのだが、これが頼朝を頼んでの行為とみた義仲の怒りに火をつけた。十九日、義仲は法住寺御所を武力をもって攻めると、この合戦により法皇に祈禱で奉仕していた天台座主の明雲《みょううん》や三井寺の八条宮円恵《えんえ》らの近臣の僧が亡くなり、近臣の武士も多く討たれた。

　合戦が終わると、義仲は近衛基通に代えて基房の子師家を摂政となし、自らは院御厩の別当になった。院政を停止したわけではないが、大幅に制限を加えたのである。こうして朝廷の実権を握った義仲だが、この「乱逆の次第」は、すぐに法皇の近臣である大江公朝《きんとも》によって伊勢にいた義経に、さらに鎌倉の頼朝へと伝えられていった。清盛の轍を踏んだその強圧的な振る舞いが広く反感を招き、離反を誘うことになったのである。

　十一月二十八・二十九日、義仲とともに京に入って西海で平氏と戦っていた源行家が、備前の室の合戦で大敗を喫すると、そのころから、しだいに孤立を深めるようになり、山門の大衆の蜂起も噂され出した。これに対抗して義仲は十二月二日に摂関家領のうち八十五か所を管領し、さらに五日には平家領をすべて管領することを法皇に認めさせたばかりか、十日には院庁下文によって頼朝の追討使に任じられた（『吉記《きっき》』）。次々と朝廷から権限をあたえられることによって頼朝追討に向けて走り出したのである。しかし東西の敵を相手にまわし、法皇の動きに目をやりながらの義仲が打つ手は限られていた。

18　沈める衆生を引き乗せて

義仲から義経へ

頼朝《よりとも》と義仲《よしなか》との全面対決の様相を呈してきた年が暮れ、明くる寿永三年（一一八四）正月八日になると、坂東武士が美濃・伊勢国までやってきたとの報が入り、義仲は防御のための軍兵を差し向け、十一日には征東大将軍に任じられた（『百練抄《ひゃくれんしょう》』）。

しかし正月二十日には頼朝の弟の範頼《のりより》と義経《よしつね》らが頼朝の「御使」として数万騎の兵を率いて入洛を目指し、範頼が近江の瀬田から、義経が南の宇治から攻め入って、義仲勢と戦って勝利を遂げると、義仲は近江の粟津に逃れてそこで討ち死にした。その死を聞いた西行《さいぎょう》は伊勢にいて、次の歌を詠んでいる（『聞書集《ききがきしゅう》』）。

木曾と申す武者、死に侍りにけるな
木曾人は海のいかりをしづめかねて死出の山にも入りにけるかな

「源平合戦図屏風」に描かれた屋島の合戦（神奈川県立歴史博物館蔵）

西行にとって、義仲は印象的な武士だったのであろう。その義仲に代わって入洛した義経は法皇の六条殿御所にすぐにかけつけ、翌日には義仲の首を獲ったことを法皇に奏聞しており、二十六日に義仲の首は大路を渡されて晒されている。この時から法皇は義経に目をつけ、多くを頼むようになったらしい。同日に平氏追討の宣旨が出され、二十九日に範頼・義経は平氏を討つために京を出ている。

この間、讃岐国屋島にあった平氏は、西海・山陰両道の軍士数万騎を従えて城郭を摂津と播磨の境の一の谷に構え、二月四日には清盛《きよもり》の三周忌の仏事を行なっていた。義経はその翌日に摂津国に到着し、搦手の大将軍として二万余騎の軍勢を率いて摂津の三草山の東に陣をとるや、七日の寅の刻、軍勢を二つに分けると、その一つは一の谷の前路に回って海側から、もう一つは、一の谷の後山の鵯越《ひよどりごえ》から一気に攻め降り襲いかかった。

平氏はたまらず敗走し、船を棹差し四国の地へと逃れていったのだが、このように平氏があっけなく崩れ去ったのは不意討ちだったからである。これ以前、法皇は平氏と和平交渉をもって、平氏には「軍勢進めぬように。関東の武士にもそう命じておいた」という内容の院宣を示していた。平宗盛《むねもり》はそれを守って院使が来るのを待っていたところに、関東の武士らが突然に襲いかかってきたという（『吾妻鏡《あずまかがみ》』）。法皇の周辺が仕組んだことなのか、それとも義経が意図的にやったことなのか、その真偽は明らかではない。

一の谷の合戦に勝利した義経は、すぐに軍勢を連れて入洛して法皇に報告し、合戦に大功を立てたその存在をアピールするとともに、二月十一日には、平氏の首を大路を渡すように要請した。公卿の身分の者の首を渡すことには難色も示されたが、平氏の首は義経の六条室町亭に集められ、そこから八条河原までの大路を渡されている。

いっぽう義経を派遣した頼朝は、二月二十五日に「朝務の事」を院近臣の高階泰経《たかしなのやすつね》を通じて奏聞している。その第一条は「殊に徳政を施さるべく候」と始まって、「東国北国両道の国々、謀叛を追討の間、土民無きがごとし。今春より浪人等旧里に帰住し、安堵せしむべく候」と述べ、徳政によって東国の民を安堵させることを力説し、それを朝廷にも求めている。続いて「平家追討」については、畿内近国の源氏や平氏などの弓矢を携える住人らに対し、義経の下知に従って従軍するように命じてほしいと求め、勲功賞は頼朝自身が計らうことにする、と述べている。法皇にとって頼朝はなかなか手ごわい相手だった。

この線に沿って義経には平氏追討と畿内近国での支配が託された。法皇が義経に期待したのは特に都の治安の維持であった。義仲軍や平氏の残党、京に進駐する東国軍、戦乱での混乱を狙った強盗・群盗が活動しており、これらの取り締まりを求めたのである。一方で法皇は頼朝の要求には警戒を示していた。摂関に兼実《かねざね》を据えるように要求してきたり、さらに平家没官領《もっかんりょう》を頼朝の支配下に置くことをも要求してきたからである。法皇が武士の濫行を取り締まるように頼朝に求めると、頼朝はそれを理由に諸国に追捕使《ついぶし》を派遣して勢力を伸ばしてくるなど、これまでの武士や武家とは大きな違いがあった。

平氏追討

五月二十一日、頼朝は源氏一門の任官を朝廷に申請したが、義経については「内々の儀有り、左右無く聴されず」ということで先送りにした。しかし八月十七日に鎌倉に到着した義経の使者は、六日に義経が左衛門少尉に任じられて検非違使となったことを伝えるとともに、このことは義経自身が所望したものではなく、度々の勲功による「自然の朝恩」である、と院から仰せ下されたので固辞できなかった、という弁明も伝えている。

朝廷は勲功のあった武士には受領や検非違使に任じてきており、法皇はそれに沿って義経を検非違使に任じ、都の治安維持や朝廷の命令の実行をさせようとしたのである。義経は大夫黒という厩の馬を法皇からあたえられ、それに乗って行幸の供奉や戦場に向かっていたという。しかし義経の検非違使への任官は、頼朝にとっては大きな脅威であった。傘下にある御家人の自由任官にも厳しく対応しており、容易に認められるものではなかった。頼朝は怒り、疑いを抱き、これまでにも義経は我が意に背くことが多かったとして、八月十七日に平家追討使の任から義経をはずしている。

九月十八日になると、法皇は義経をさらに検非違使のまま五位に叙す「叙留《じょりゅう》」という名誉をあたえ、内裏の昇殿をも許した。平氏が出世の道を歩んだ最初が昇殿であったことが思いおこされよう。これを契機に義経は朝廷の人びとと広く交わるようになり、行事や公事に参加する機会もとみに増え、後鳥羽天皇の即位の大嘗会での十月二十五日の御禊では大夫判官として供奉している。義経は明らかに院近臣の道を歩んでいたのである。

そのころ、西海で平氏追討にあたっていた源範頼は、船と兵糧の欠乏に悩まされていた。範頼は頼朝に報告として、兵糧が欠乏しているので、軍士たちが一揆せずに足並みが乱れ、国に帰ることのみを思って抜け出そうとしている、と伝えてきた。この情勢から頼朝は方針を転換し、翌元暦二年（一一八五）二月五日に中原久経《ひさつね》と近藤国平《くにひら》の二人を「鎌倉殿御使」として上洛させ、畿内近辺の十一か国の狼藉を鎮めるように定めるとともに、義経を平氏追討に復帰させた。

その義経が二月十六日に平氏を攻めるため摂津の渡部津から船出しようとした時、法皇は義経がいなくなったら京中が無用心になるとして、近臣の高階泰経を派遣して出陣を制止させようとしたというが（『玉葉《ぎょくよう》』）、義経は出発に踏み切った。しかし暴風が起きて船が破損してしまい、改めて翌日丑の刻に船五艘で出航すると、卯の刻に阿波国の桂浦に着いた。その地で平氏の水軍の中核であった阿波水軍を討ち破ると、その足で二月十九日には阿波・讃岐境の中山を越え、辰の刻に屋島の内裏の背後の浦に達すると、海辺の牟礼や高松の民屋を焼き払った。

驚いたのは平氏軍である。突然の来襲に慌てて安徳天皇が内裏を逃れて海に出ると、宗盛も一族を引き連れて海上に出たため、内裏や宗盛の舎屋にも火が放たれた。こうして屋島の合戦が始まり、これに勝利した義経は伊予水軍、さらに熊野水軍をも傘下におさめ、ついに瀬戸内海の制海権を握るところとなった。

勢いを得た義経が、三月二十一日に平氏を攻めるために長門へと向かうと、平氏も義経の動きを聞いて、根拠地の長門の彦島を出て決戦の場へと向かった。三月二十四日、赤間関の壇ノ浦の海上に両軍は三町を隔てて向かいあって、合戦が始まったが、午の刻には勝敗が決し、平氏は敗れ去ったのである。

この平氏滅亡の報は義経から四月三日に京に届き、その翌日に、建礼門院《けんれいもんいん》や平宗盛の身柄は確保したものの、安徳天皇をはじめ多くの人が海に没し、神器の宝剣は見つからないという報告があった。法皇はすぐに勅使を派遣して義経の大功を讃えるとともに、神器の無事回収を命じた。

観音深く頼むべし　弘誓《ぐぜい》の海に船浮かべ
沈める衆生引き乗せて　菩提の岸まで漕ぎ渡る

平氏の滅亡を聞いた法皇は、平氏を悼んでこの一五八番を謡ったことであろう。

義経と頼朝の対立

四月二十四日に三種の神器のうち回収された内侍所・神璽が摂津の今津に到着し、やがて太政官の朝所《あいたんどころ》に安置されたが、その間、義経は鎧を着て供奉しており、四月二十六日に捕まった平宗盛らが入洛した際にも、法皇の見ている前を連行しているなど、義経は凱旋将軍として都に帰還したのである。

しかしその義経を待ち受けていたのは頼朝の冷たい仕打ちである。四月二十七日に平氏追討の賞として頼朝は従二位となったにもかかわらず、頼朝配下の武士の追討の賞は頼朝の計らいとされていたので、義経には恩賞を独自に請求することもできなかった。そのため法皇はかつて義仲を任じたことのある院の御厩の別当に義経を任じているが、頼朝が最も恐れていたのは法皇と義経が手を結ぶことにあっただけに、これが義経と頼朝との関係の破局に通じることになってゆく。

四月十五日に頼朝は勝手に任官した東国の御家人に対して、東国に帰ってくるな、もし帰ってくれば本領を召し上げ、斬罪に処するとの命令を下していたが、さらに鎮西から送られてきた義経を訴える「讒訴」を耳にすると、四月二十九日には使者を派遣して、畿内近国の御家人に対して、関東に忠をなす輩は義経には従わないように、と伝えている。

頼朝の怒りを知った義経は、あわてて弁明のため鎌倉に使者を派遣し、全く異心がない旨を記す起請文を献じたが、釈明は認められなかった。義経は自身が宗盛父子を連れて京を立ち、鎌倉で詳しく事情を語りさえすれば、その「大功」を賞せられると思っていたらしい。五月十四日に相模の酒匂《さかわ》宿に到着すると、十六日に鎌倉に入ることを頼朝に伝えた。ところが鎌倉に入ることは認められず、そこで二十四日に大江広元《ひろもと》を通じて頼朝へのとりなしを依頼する「腰越状《こしごえじょう》」を提出したが、その効果はまったくなかった。

それどころか、義経が京を離れているうちに頼朝は西国の支配を固めており、義経につながる勢力や義経の近親者を標的にして攻撃を始めていた。六月九日、義経に対し、宗盛を連れて京に戻るように命令が下され、頼朝との面会を許されずに空しく帰洛することになった傷心の義経に追い討ちをかけるように、十三日には、義経にあたえていた平家没官領の二十四か所を没収している。それでも二十三日に宗盛らを近江の勢多《せた》で斬って、平氏の人々の処分を行なって京に戻った義経が、改めて知ったのは、すでに鎮西と畿内近国を頼朝に抑えられたばかりか、経済的な基盤も弱体化させられていた事実である。

その数日後の七月九日、京都を直下型の大地震が襲った。「スコシモヨハキ家ノヤアブレヌモノナシ山ノ根本中堂以下ユガマヌ事ナシ。ナノメナラズ龍王動トゾ申シ」というように、大内や閑院内裏・法勝寺なども被害を受け、余震が一か月も続いたので、この地震は清盛が龍になって振動させたとか、平家の御霊の祟りであるとかの噂が流れたが（『愚管抄《ぐかんしょう》』）、再建の進んでいた大仏の開眼に向けて法皇は突き進んでいった。八月二十八日には南都に下って、翌日、自らの手で大仏開眼を行なっている。

釈迦の御法《みのり》を聞きしより　身は澄みきよき鏡にて
心覚り知ることは　昔の仏に異ならず

法皇が謡ったのはこの一三八番であったろう。この大仏開眼がすむのを待って、頼朝は次の手段に出た。義経の動静を探ったうえで土佐房昌俊《しょうしゅん》を義経暗殺のために派遣したのである。十月十七日にその昌俊が義経の六条室町亭を襲うと、これを退けた義経は院御所に参って無事を伝え、やがて捕まえた昌俊を六条河原で梟首しているが、この事件は明らかな頼朝の挑発であった。

「天下一の大天狗」

暗殺未遂事件をはさんで、義経は三度にわたって院御所に参り、頼朝追討の勅許を迫っていたが、ついに法皇に認めさせた。法皇の側近たちは、「勅許を出さずして、もし彼らが濫行に及んだ時にはとても防禦はできない。鎮西に天皇や法皇以下を連れて下る気配もあるので、今の難をいったん逃れるために勅許をあたえたとしても、事情を頼朝に伝えれば、頼朝も憤らないであろう」という考えであったという。

こうして得た宣旨にそって、義経は畿内近国の軍兵を動員したが、兵は全く集まらず、逆に頼朝が大軍勢を進めてくるとの情報が伝わると、義経は鎮西に退かざるをえなくなった。「鎌倉からの譴責《けんせき》を逃れるために鎮西に零落することになりました。最後にお目にかかりたかったのですが、行粧が異例なので出発します」と、法皇に告げ、十一月三日に西海に下っている。義経は平氏と違って法皇を連れ出そうとはしなかった。

十一月六日に、行家・義経らは摂津の大物浜から乗船したが、疾風が俄に起こり、船が転覆してしまい、一行はそこから没落していった。これが京に伝わると、すぐ七日には義経の伊予守と検非違使の任が解かれ、十一日には行家・義経追捕の院宣が出されている。このことを聞いた兼実は、「世間の天変、朝務の軽忽《けいこつ》」と嘆き、その朝令暮改ぶりを批判している。

義経の没落とともに院近臣たちは頼朝を恐れるようになった。鎌倉を出発した御家人が五日に入洛し、頼朝が忿怒していることを伝えると、頼朝追討の宣旨の発給にかかわっていた左大臣藤原経宗は、義経との結びつきの強かった大蔵卿高階泰経らと善後策を練り、弁明の書状をしたためた。十一月十五日に鎌倉に到着した泰経の使者が頼朝に献じたその書状にはこう記されていた。

行家・義経の謀反の事、偏へに天魔の所為たるか。宣下無くんば、宮中に参り自殺すべきの由、言上の間、当時の難を避けんがため、一旦は勅許有るに似たりと雖も、かつて叡慮の与《くみ》する所に非ず。（『吾妻鏡』）

謀反の事は天魔によるものであるというこの言い分を聞いた頼朝は、すぐに使者を京に派遣した。その使者が院の御所にやってきて頼朝の書状を泰経に付けようとしたところ、泰経が伺候していないと聞いて、怒って書状を中門廊に投げ入れて帰ったが（『玉葉』）、その書状は次のような内容であったという。

義経らの謀反を天魔のなせることというが、天魔は仏法を妨げるものである。頼朝は朝敵を滅ぼし、政治を君に戻した忠ある者であって、天魔によるというのは全く理屈が通らない。頼朝を追討する院宣を出させようとしたものこそが天魔であり、その日本第一の大天狗なるものはほかにはない。

「日本第一の大天狗」という表現は、法皇を指すかにも見えるが、文脈からしても、頼朝と法皇との関係からしても、法皇を表現したとは考えがたい。泰経を指すと考えるべきであろう。なお泰経の書状に「天狗の所為」とあるが、これは先の義仲による法住寺殿攻めが「天狗ノ所為」と思われていたからである（『愚管抄』）。

義経没落の報に接して上洛をやめた頼朝は、北条時政《ときまさ》に大軍を率いさせて京に派遣した。その時政は十一月二十五日に京に着くや、行家・義経の叛逆の件で頼朝が怒っている旨を法皇に伝えたので、やむなく法皇は、義経追討を頼朝に命じる宣旨を出したが、時政はそれだけで満足しなかった。その夜、東国武士が京の巷を横行するなか、法皇には義仲に攻められた時の記憶がよみがえったことであろう。

小夜ふけて鬼人衆《きにんし》こそ歩くなれ
南無や帰依法《きえほう》　南無や帰依法

この四九一番の歌が脳裏をかすめたかと思われる。法皇はもはや打つ手もなく十一月二十九日に守護地頭の設置を認め、反別五升の兵糧米の徴収も認めた。頼朝を甘く見ていたのかもしれない。

いささか王の力を過信していたようである。

法皇は武家の力を認め、武家の支えによってこれまで政治を行なってきただけに、頼朝の政治力は十分に認めてきてはいたのだが、このような事態が生まれるとは思わなかったであろう。とはいえそこから、もはや武士同士を争わせて勢力をそぐことは不可能となったということを学んだはずである。新たな事態にどう対応してゆくべきか、王の政治が試されることになる。

Ⅶ　王の政治

19　残りの衆生達を平安に護れとて

頼朝の要求

源頼朝《よりとも》が文治元年（一一八五）十一月の勅許によって朝廷から大幅な権限を獲得したことにより、その後の幕府の基本的権限は定まり、武家政権としての幕府の体制は名実ともに形成された。それは実力で東国を支配してきたことを基礎にして、内乱時の謀反人の追捕を名目に朝廷から諸権限を獲得し築きあげたものである。

治承四年（一一八〇）に挙兵して幕府の核が生まれ、寿永二年（一一八三）十月の朝廷との折衝によりその骨格が定まり、翌年に政治的・経済的基盤が整って、ここに幕府の体制が定まったことになる。さらに頼朝は十二月六日に政治改革を法皇に求めた。法皇による専制ではなく、議奏公卿《ぎそうくぎょう》を設置し、彼らが神祇から仏道に及ぶ朝務を審議して、その議奏に基づいて法皇が政治を担うというものであって、兼実《かねざね》を内覧《ないらん》の地位に据え、兼実を中心にした廟堂《びょうどう》の改革に期待したのである。

議奏公卿のメンバーには兼実のほか、内大臣藤原実定《さねさだ》、権大納言藤原実房《さねふさ》、藤原宗家《むねいえ》、藤原忠親《ただちか》、権中納言藤原実家《さねいえ》、源通親《みちちか》、藤原経房《つねふさ》、参議藤原雅長《まさなが》・藤原兼光《かねみつ》などの兼実に近い人物や八条院に仕えた人物など、実務の執行にあたる蔵人頭や弁官には兼実の家司の藤原光長《みつなが》・親経《ちかつね》を任じ、大蔵卿には院近臣の高階泰経《やすつね》に代わって藤原宗頼《むねより》を任じるように求めたが、宗頼もまた八条院に仕えていた。さらに諸国の知行国についても、議奏公卿や蔵人頭などに配分することを求め、義経の謀反にかかわったとして、参議の平親宗《ちかむね》、大蔵卿高階泰経、右大弁藤原光雅《みつまさ》、刑部卿藤原頼経《よりつね》、右馬頭高階経仲《つねなか》、右馬権頭平業忠《なりただ》、左衛門少尉平知康《ともやす》、兵庫頭章綱《のりつな》（範綱）らについては、「天下を乱す凶臣」として解官《げかん》を要求した。

極めて踏み込んだ要求で、朝廷内部の情報をよく知ってのものであるが、その情報を提供したのは、朝廷に仕え鎌倉に下ってきていた大江広元《ひろもと》や三善康信《やすのぶ》、平氏の都落ちに従わずに鎌倉に下った平氏一門の平頼盛《よりもり》、頼朝の妹婿の一条能保《よしやす》、頼朝の推挙によって摂関になることを期待していた九条兼実の家司の藤原光長《みつなが》、さらには朝廷で独自の立場を築いていた八条院周辺の人物と考えられる。

「天子摂関御影」に載る九条兼実（宮内庁所蔵）

この「天下草創の時」であるとして要求してきた頼朝の強い意思を感じて、法皇がやむなく要求をのんだので、ここに幕府は兼実を中心とした朝廷の体制との連携によって歩むことになった。十二月二十八日、こうした頼朝の要請を兼実が法皇に伝えたところ、法皇は兼実が頼朝と密かに通じているのではないかと疑って、なかなか奏聞を受け入れようとはしなかった。そこで兼実は様々に手を尽くし、ついに「近日の朝務、偏へに彼の唇《しん》吻《ぷん》に在り」というほどに法皇への影響力が強くなっていた丹後局《たんごのつぼね》を通じての奏聞も試みている。

このように「法皇の愛妾」に会おうとしたことについて、内心忸怩《じくじ》たるものがあった兼実は、「まことに廉恥《れんち》を忘るといふべきか」と反省しつつも、これは深く思慮してのことであるとし、これまで私ひとりが権臣には媚びず朝憲をおろそかにせず行動してきたのであり、これについては「有情の人」が必ず察し、天道も仏神も理解してくれるであろう、一旦の誹謗があっても私は苦としない、とその苦渋のほどを記している（『玉葉《ぎょくよう》』）。

法皇は基通《もとみち》を摂政にそのままに据えたかったが、翌文治二年（一一八六）二月に頼朝が内覧の兼実を摂政に推挙してくると、ついに折れて三月に兼実を摂政となし、十六日の拝賀の夜、兼実を召して、「ワレハカクナニトモナキヤウナル身ナレド、世ヲバ久クミタリ、ハバカラズタダヨカランサマニ、ヲコナハルベキ也」と語り、自分はこれまで政治をとってきたが、兼実にも政治がうまく行なわれるようにしてほしい、という言葉をかけている。なおその場には「ヲボヘノ丹後」も同席していたという（『愚管抄《ぐかんしょう》』）。

こうして実力で東国を奪いとられ、幕府の軍事力の前に大幅な権限を譲渡せざるをえなかった朝廷において、兼実が政治の刷新をはかることになったが、幕府の後援をえながら進めるその兼実の政治運営を法皇は是々非々の立場をとりながら見届けることとなった。

兼実の執政

兼実は清盛のクーデターのころに見た夢の告げによって、次の摂関は自分であることを確信していたという（『愚管抄』）。その時から兼実は清原頼業《よりなり》らの儒者、坂上明基《さかのうえのあきもと》らの明法家《みょうぼうか》と政治・文化の勉強会をもち、飢饉と戦乱の最中には徳政を要請し、大仏再建の勧進にも積極的に関与してきた。摂関となる機会は三度訪れたが、その都度、いつも選ばれずに無念をかみしめてきて、内乱を経てここに頼朝の援護によりやっと摂関となったのである。

兼実は弛緩した朝廷の政治を見て、律令に基づいて綱紀粛正をはかるとともに、適材適所に人材を配した。基本的な政治形態は院政の形態をとるものの、摂関が主導する公卿の議定を中心にした政治を目指した。そのために公卿から意見を聴取して政治に反映させ、訴訟については記録所を復活し、十分に審議させることにした。

ただ兼実はこのことを法皇に直接に提言せず、頼朝を通じてそこから奏請する形をとったが、それは法皇の反発を考えてのものである。たとえば兼実の要請をうけた頼朝は、文治二年四月に「天下の政道」について善政を行なうように奏請しており、六月九日には記録所を置いて訴訟を沙汰することを摂政に命じるように法皇に求めている。その動きにあわせて、兼実は六月二十八日に文殿《ふどの》を家中に置いて、蔵人で弁官の藤原親経《ちかつね》を別当に据え、文殿衆に明経道《みょうぎょうどう》の中原広季《ひろすえ》・師直《もろなお》、儒者の中原師綱《もろつな》・俊光《としみつ》、算道の三善行衡《ゆきひら》、明法道の中原章貞《のりさだ》・明基などを選んでいるが、これは明らかに記録所設置に向けての布石であった。

法皇は八月十九日に記録所を置くことを認めたが、記録所はもともと法皇が天皇になった際に訴訟機関として整備されたものであれば、特に異論もなかったろう。翌文治三年二月二十八日、弁官の藤原定長《さだなが》と親経の二人を執権に据え、十二人の寄人からなる記録所が発足している。保元の記録所は荘園の整理と訴訟を扱うだけであったが、それに加えて公事や行事の振興を図るための「年中式日の公事用途」の答申をも任務としたので、朝廷の財務機関の役割をも担うようになった。

さらに三月二日に意見を人々から召すことについて法皇の承認を得た兼実は、識者に対し、「政務の中」での問題点を具申するように命じたが、その時に意見の提出を求めたのは、議奏公卿のほか、左大臣藤原経宗《つねむね》、前中納言源雅頼《まさより》、按察使《あぜち》中納言藤原朝方《ともかた》、右大弁藤原光長らの公卿、大外記《だいげき》清原頼業・中原師尚《もろひさ》、大夫史小槻広房《ひろふさ》らの事務官、さらに前相国入道二人（藤原忠雅《ただまさ》・師長《もろなが》）に、入道納言二人（藤原資長《すけなが》・長方《ながかた》）、入道式部大輔（藤原俊経《としつね》）などの出家した人物にまで及んでおり、兼実の意気込みがよくうかがえる。

武家による守護

法皇もただ兼実に任せていただけではない。兵乱がおさまっても兵糧米が徴収され、地頭が置かれてゆく状況を見て、上洛していた北条時政《ときまさ》に迫って撤回を求めるとともに、頼朝にも強く善処を要請した。これをうけて、戦乱からの復興を第一と考えた頼朝は、前年に得た守護・地頭の権限の全面的な行使には慎重になっていった。

文治二年二月末に頼朝は兵糧米の徴収を打ち切り、六月には西国三十七国での地頭の乱暴に関する訴訟は院宣によって鎮めることなどを申請した。尾張・美濃以西の西国を朝廷の管轄範囲となすとともに、そこでの紛争の審理は朝廷の記録所に委ねることとし、幕府は朝廷の命令をうけてはじめて違乱の停止などの行動に移るものとしたのである。この情勢をみて法皇は幕府に次々と地頭の押領の停止や地頭そのものの配置の停止・廃止の要求を寄せていった。

十月一日には、頼朝は朝廷から寄せられた二百五十二枚もの下文に対応させられ、悲鳴を上げて記録所での成敗を求めるほどであった。ついには朝廷と折衝を重ね、地頭は謀反人の跡地にのみ置くことに限ることとし、地頭の権利の具体的な内容を定めることになった。十月八日の太政官符で定められたところでは、地頭の権利は謀反人がこれまでに有してきた権利や得分などを引き継ぐものとなし、それ以外に加徴米や課役などを徴収してはならないこと、支配の権限も謀反人跡地の権利のみへと限定された。

このように太政官符をもって地頭のあり方を定めたことで、朝廷と幕府の関係は明確に定まり、幕府は「武家」と規定され、朝廷の体制において朝廷を守護する武家としてはっきりと位置づけられた。このように法皇は頼朝の要請を一定程度認めつつも、武家に朝廷を守護することを期待し、以後、それを強く求めてゆくことになる。

また洛中の守護は文治二年の春までは北条時政が上洛して担っていたが、時政が鎌倉に戻されると、その後は頼朝の妹婿の一条能保や在京御家人が担当して、逃亡中の源義経《よしつね》の追捕《ついふ》などを進めていた。しかしその義経が奥州に逃亡すると、洛中の警護が弛緩し、狼藉が増えてきたことから、法皇はその狼藉を鎮めるための手段を講ずるように頼朝に求めた。

これに応えて文治三年八月十九日に頼朝は千葉常胤《つねたね》と下河辺《しもこうべ》行平《ゆきひら》の二人の勇士を京に派遣している。洛中には皇居の大番役を勤める武士のほかにも多くの武士がいたが、それにもかかわらず群盗が蜂起し、武士自身が狼藉をおこすこともしばしばあったから、この処置をとったという。上洛してきた勇士たちを見た法皇は、次の三九三番歌を謡ったことであろう。

あしこに立てるは何人ぞ　稲荷の下の宮の大夫御息子《みむすこ》か　真実の太郎なや
俄にあか月の兵士に付い差されて　残りの衆生達を平安に護れとて

歌は稲荷社の神主の息子が衆生の平安を護るために兵士に立つ姿を詠んだものだが、法皇にとってそれは東国の武士たちの姿そのものと映ったことであろう。武士の力を認めつつ、武士を制御してゆくという王の政治が再び戻ってきたのである。

20　慈悲の眼はあざやかに

東大寺再建と熊野詣

法皇は文治二年（一一八六）から東大寺の再建に熱心にあたっていた。二年前の元暦元年（一一八四）六月二十三日、兼実亭を訪れた造寺造仏長官の藤原行隆《ゆきたか》は、頼朝から千両、奥州の秀衡《ひでひら》からは五千両を奉加してくれる約束ができている、と語っていたように、東大寺の再建は広く諸勢力を結集することにより進められてきた。

頼朝は、その翌年三月七日に米一万石、金千両、上絹千疋を奉加物として重源《ちょうげん》に寄せた際、南都の大衆《だいしゅ》に宛てた書状で、鎮護国家の祈りを東大寺の修復によって行ない、法皇が舜徳《しゅんとく》を施すことで王法・仏法がともに繁昌するであろうと、力説しており、大仏開眼後の十月にも一年分の貢金として四百五十両を送っている（『吾妻鏡』）。東大寺の再建は朝廷・幕府共通の課題となっていたのである。

大仏殿の造営は文治二年から始まった。法皇が三月二十三日に材木の産地の周防国を東大寺に付け、院庁下文により重源上人を知行国主に任じて沙汰させようという案を兼実に示すと、兼実は宣旨で任じるべきであると答えている。こうして四月に周防国が東大寺に付けられ、そこから徴収する正税《しょうぜい》・済物《さいもつ》によって大仏殿を造営する体制が整った。これまでにない措置がとられたことから、頼朝もそれに協力して御家人を大仏殿の材木引きに動員し、また周防の国領に置かれた地頭の乱暴を排除し、奉加物を寄進している。

法皇にはもう一つ、治承三年（一一七九）二月以後、戦乱で途絶えていた熊野御幸の復活という願望があった。しかしこの間に各地に地頭が置かれ、また膨大な経費がかかる熊野御幸の復活は危ぶまれたので、文治二年春にその費用の援助を幕府に求め、次のような要請をした。

「これまでに二十八度の熊野参詣を行なってきており、今は三十度を目指しているのに、この六、七年は熊野詣が行なえず、返す返すも遺恨なことである。天下もまだ落ちついていないこともただごとではない。そこで今春には参詣を遂げたいと思っているが、どうしたものか、意見を聞きたい。

重源坐像（東大寺蔵）

それとともに熊野の僧らにあたえる米などを少々援助して欲しい」

この時の参詣は義経が吉野に逃亡したこともあって、不可能となったが、八月四日に頼朝は使節を上洛させて、「上皇の御熊野詣の御物等」を進上しており、十月五日にやっと実現するところとなった（『玉葉』）。法皇は久し振りの熊野の御前で次の二二三番を謡ったであろう。

慈悲の眼《まなこ》はあざやかに　蓮の如くぞ開けたる
智恵の光は夜々《ようよう》に　朝日のごと明らかに

仏神の慈悲の眼によって私の願いは成就するのだ、と詠んだ歌である。文治四年十月の熊野御幸でも、幕府は「御熊野詣の用途」を進上している。十月六日に国絹や白布を御家人に割り当て、また米千石を武蔵・上総の両知行国に課して送り、十二月二日には砂金も送っている。

千載の祈り

文治三年は兼実が本格的に政治改革を進め始めた年である。二月に記録所を置き、三月に意見封事を進めさせたことは先にみたが、法皇もまた仏教の方面で積極的に行動していった。三月三日に兼実に仏法興隆の事を諸宗の人々から聞くように命じており、これに沿って兼実は天台座主の全玄《ぜんげん》、三井寺長吏《ちょうり》の公顕《こうけん》、醍醐寺座主の勝賢《しょうけん》、法印澄憲《ちょうけん》を召して「諸宗御祈の事、御修法の事、懺悔法の事、仏法興隆の事」などを諮問している。

ところが三月二十二日に法皇が病気になり、この報が鎌倉に伝わると、頼朝は四月二日に百部大般若経の転読を、鶴岡宮・勝長寿院・箱根山・走湯山などの供僧らに命じている。もちろん朝廷でも様々な祈りが行なわれた。それなのに法皇は四月九日に双六をしたり、『往生要集《おうじようようしゆう》』の談議を澄憲法印以下の五人の学生を招いて行なわせたりするなど、病気の時にするようなこととは思えない行動をとったので、兼実は「物の怪」によるものかと疑ったほどである。このため法皇の病気は怨霊の祟りであるとの見方が生まれ、四月九日に讃岐で憤死した崇徳院の廟への祈りが行なわれ、四月二十三日には先帝の諡号を安徳天皇と定めている（『百練抄《ひやくれんしよう》』）。

その翌日に、法皇は高野山の根本大塔において不断両界供養法を行なうように命じた。前年の五月に盲目の鑁阿《ばんあ》上人が高野山の根本大塔で「太上法皇の御願円満」などのために金剛・胎蔵界両部の供養法を行なうことを求めてきた際、これを認めてその費用に備後国大田荘を寄進していたのだが、その修法の開始を命じたのである。さらに五月一日に法皇は「臨終正念の宿願、順次往生の懇祈」など五か条の起請文を記し、その供養のあり方も定めている。高野山の根本大塔はかつて平忠《ただ》盛《もり》・清盛《きよもり》によって再建され、大田荘は清盛によって院領として寄進されていたから、そうした因縁もあって、平家の怨霊を鎮撫し、法皇の御願の成就を祈ることがはかられたのである。

五月二十日、兼実は提出されてきた意見十七通（公卿十四通とほかに三通）を法皇に奏したところ、法皇は、すぐにすべき事やしばらく待って行なうべき事などに分類し、その結果を提出するように求め、さらに「朕が身は無才と雖も、故法性寺入道が示さる事ならびに通憲法師が申す事など、あらあら耳底に留む。けだし万一を補はらるべし」と語って、兼実の父忠通《ただみち》や信西《しんぜい》が示していたことを基本にして政治を行なってきたのだと表明している。

八月二十二日になると、法皇はついに待望の伝法灌頂《かんじょう》を摂津の四天王寺で受けている。かつて法皇は福原の千僧供養で大阿《おおあ》闍梨《じゃり》を勤めたことがあり、さらに三井寺の公顕を大阿闍梨として伝法灌頂を受けることもかねてから望んでいた。だが治承二年（一一七八）正月にこれを計画した時には、三井寺に戒壇が設立されることを恐れた延暦寺が、末寺や荘園の兵士を動員して蜂起し、三井寺を焼き払う構えを見せたため、断念せざるを得なかった。そのころからの希望がやっと叶えられたのである。

ただ三井寺で行なうのは無理なので、天王寺で行なうことになったが、ここが選ばれたのは、法皇の皇子である三井寺の定恵《じょうえ》法親王が別当になっていたことや、聖徳太子による日本での仏法興隆の最初の道場と見做されていたからである。ここでは次の一七六番が謡われていた。

極楽浄土の東門は　難波の海にぞむかへたる

転法輪所《てんぽうりん》の西門に　念仏する人参れとて

転法輪所とは仏の説法する場であり、具体的には難波の海に面する天王寺のことを意味していて、その西門は極楽の東門に相当すると考えられて、念仏の道場となっていた。

続いて九月二十日には、寿永二年二月に院宣で下命していた『千載和歌集《せんざいわかしゅう》』が奏覧されている。その序は「過ぎにける方も年久しく、今行く先もはるかにとどまらんため、この集を名づけて千載和歌集といふ」と、保元の時から三十三年に及んだ法皇の治世をふりかえり、未来を見据えて法皇の千載を寿ぐことを記し、この治世によって、「あまねき御うつくしみ秋津島のほかまで及び、広き御恵み春の花の園よりもかうばし」と、法皇の慈しみが日本からさらに外にまで及んで、法皇の恵みが春の花園よりも香ばしいものとなったと讃え、その治世にあって和歌の道も栄えていることから、この和歌集を編んだ、と記す。

一条天皇から約二百年に及ぶ十七代の和歌が集められ、最終的には藤原俊成《としなり》の歌が三六首、崇徳院が二三首、兼実の歌が一五首、法皇の歌も七首載っている。平氏一門の歌人は「読み人知らず」と処理されたが、これは四月三日の法皇の病気の際に実施された非常の赦《しゃ》で「平宗盛《むねもり》の謀反の党類」が除かれていることに明らかなように、まだ謀反人と見なされていたからである。

東国の王

こうして文治三年（一一八七）に王の政治は安定し、その実を結んでいった。十一月には成長した後鳥羽天皇の石清水行幸と賀茂社行幸が華やかに行なわれたが、石清水行幸に際しては、鳥羽殿にいる法皇のもとへの朝覲《ちょうきん》行幸もあった。

十一月十三日には大地震により破壊した閑院内裏の修造が完了している。法皇が頼朝の知行する国に課して援助を求めたことから、頼朝が藤原親能《ちかよし》・大江広元《ひろもと》の二人を派遣して完成にこぎつけたものである。法皇はそれにともなって頼朝に相模・武蔵両国の継続知行を認めている。続いて文治四年四月十三日に院御所・六条殿とそれに付属する長講堂が焼けると、その造営についても頼朝に命じて再建を果たし、さらに文治五年二月には大内裏の修造を命じて、十二月二日に完成している。

このように法皇は幕府に東国の支配権をゆだねるかたわら、頼朝には朝廷に奉仕することを求めていったのだが、その頼朝も朝廷を援助してゆくなかで、京の制度を取り入れて幕府の体制を整備していった。その一つが熊野御幸に倣って箱根・伊豆両権現に赴く二所詣を開始したことである。文治三年十二月二十七日、頼朝は来る正月に二所参詣を行なうこととし、供奉人を指名してそれぞれ潔斎をするように命じている。翌年の正月十六日に精進を始めると、十八日に甲斐・伊豆・駿河国等の御家人に山路の警護を行なわせて、二十日に鎌倉を立ち、二十六日には鎌倉に戻っている。

いま一つは石清水八幡の放生会《ほうじょうえ》に倣って、鶴岡八幡宮で放生会を開始している。まず京の院御所（六条殿）の近くに八幡神を勧請した六条若宮において放生会を開くことの許可を法皇に求めるとともに、鎌倉の鶴岡宮で放生会を開くにあたって八月一日から十五日にかけて、生き物を殺さぬよう関東の庄園や鎌倉中とその近辺の海浜河溝に触れ、八月四日には放生会での流鏑馬の射手や的立《まとたて》の役人を定めている。

八月十五日の放生会での注目の的は流鏑馬であった。射手は五騎、それぞれ馬場に出て射ると、すべてが的に命中したが、なかでも信濃の武士諏方《すわ》盛澄《もりずみ》は、多年在京して城南寺の流鏑馬以下の射芸を行なってきて流鏑馬の芸を窮めていただけに、人々を感嘆させたという。石清水八幡宮の放生会では流鏑馬は行なわれていなかったが、鳥羽の城南寺や法住寺殿の鎮守である新日吉社の祭礼で行なわれており、それに倣ったのである。その翌年六月にも、頼朝は彼岸会や放生会での殺生禁断を東国一帯に命じるとともに、さらに朝廷に対して全国にも殺生禁断の宣旨を出してほしい、と申請している。

このように鶴岡宮の祭礼は東国とその武士たちの祭礼として位置づけられ、奉仕する芸能も流鏑馬だけでなく舞楽や馬長、相撲なども行なわれ、臨時祭も開かれるようになった。しかし朝廷の政治に倣ったのは頼朝だけではない。奥州の藤原秀衡も早くから都の文化を移植してきていた。鎮守府将軍に任じられた後、治承四年に陸奥守になるなど、朝廷から官職をあたえられるなか、平泉の館の近くに宇治の平等院に倣って無量光院《むりょうこういん》を造営し、また京周辺の多くの神社に模して鎮守を造営していた。

『吾妻鏡』に載る平泉の寺社などを書き上げた注文には、「鎮守」として、「中央に惣社。東方に日吉・白山両社。南方に祇園社・王子諸社。西方に北野天神・金峰山。北方に今熊野・稲荷等社也。悉く以て本社の儀を模す」と記され、「年中恒例法会」として、「二月常楽会、三月千部会一切経会、四月舎利会、六月新熊野会・祇園会、八月放生会、九月仁王会」があげられている。頼朝も秀衡も京の王権に倣いつつ、それぞれに東国・奥州の王としての性格を有していたのである。

21　八幡太郎は怖しや

関東と奥州

奥州の藤原氏の勢力は頼朝にとって大きな脅威であった。何度か上洛を考えては駿河の黄瀬川宿まで赴いて引き返していたのは、奥州藤原氏の脅威があったからである（『玉葉《ぎょくよう》』）。そうしたなかで頼朝はしだいに秀衡《ひでひら》に圧力をかけてきた。文治二年（一一八六）には頼朝は秀衡に書状を送って、奥州から朝廷に送る貢馬・貢金については自分が取り次ぐので、今年からは鎌倉に送るようにと述べ、その書状のなかで「御館《みたち》は奥六郡の主、予は東海道の惣官なり。尤も魚水の思を成すべきなり」と記している。自らを「東海道の惣官」と規定し、その東国への管領権を根拠に、秀衡はその管領下の奥六郡の主であると位置づけたのである。

西海に赴く途中で没落した源義経が秀衡の許に逃れていったのは文治三年のことで、その年二月には吉野周辺に潜伏していた義経が伊勢・美濃を経て奥州に逃れたという情報が鎌倉に伝わった。そこで四月、頼朝は義経が奥州に逃れたことを踏まえて、鹿ヶ谷事件で奥州に流されていた法皇の近臣の中原基兼《もとかね》を召し進めるように、大仏の鍍金のために三万両の貢金を差し出すように秀衡に命じてほしいとも朝廷に要請している。

この頼朝の申請に沿って院宣が出されたので、それを持って頼朝の使者が奥州に赴いたところ、秀衡の返事は、基兼は京に上らないと語っていることを告げ、三万両はとても過分ではあるが、求めて得られれば進上しましょうと、受け流されてしまった。

秀衡の存在感は大きかった。だが九月に秀衡が重病になると事情は急変する。後事を心配した秀衡は、義経を大将軍として国務を行なうように息子の泰衡《やすひら》らに遺言し、十月二十九日に平泉館で亡くなった。これを受けて頼朝は義経・泰衡追討の宣旨を要請したが、法皇はそのままには認めず、文治四年二月二十一日の宣旨で、出羽守藤原保房《やすふさ》の申請に答える形をとって、東海・東山道の国司および武勇の輩に対し義経を追討するように命じている。その宣旨に添えられた二月二十六日の院庁下文は、前民部少輔藤原基成《もとなり》と泰衡に対し義経を召し進めるように命じている。この基成は平治の乱を起こした藤原信頼《のぶより》の兄弟で、陸奥守として赴任したまま在留し、その娘は秀衡と結婚して泰衡を産んでいた。

法皇には頼朝に泰衡追討を命じる意思はなかった。だが、頼朝が何度も宣旨を求め、また泰衡に揺さぶりをかけた結果、翌年二月二十五日に泰衡から「義経の在所がわかったので捕らえて進める」という請文が鎌倉に到着し、さらに五月二十二日になると、奥州からの飛脚が、泰衡の手勢が義経を衣川の藤原基成の館で誅したので、その頸を追っつけ送る、と伝えてきた。

泰衡が義経のいる衣川館を数百騎で襲ったのは文治五年閏四月三十日のことで、義経の家人らはよく防いだものの敗れ去り、義経は持仏堂に入って妻と四歳の女子を殺害したのち、自害して果てたという。時に年は三十一。六月二十六日には、泰衡は義経の側近くに仕えていた一族の泉忠衡《ただひら》をも討って内紛をおさめ、幕府に恭順の意を示してきた。

奥州合戦

文治五年（一一八九）二月から四天王寺に百日の参籠をしていた法皇は、追討の宣旨を迫る頼朝の要請に対して、閏四月八日になって、奥州追討の宣旨を出すことは認めたものの、当面する伊勢遷宮や東大寺造営が「我朝第一の大事」であることから、それがすんでから追討するようにと示していた。

敵陣に攻め込む義家軍（「後三年合戦絵詞」東京国立博物館蔵）

しかし頼朝は泰衡からの報告を聞き、もたらされた義経の首を実検するなか、すでに泰衡を攻めるべく広く全国的な軍事動員をかけていたのである。頼朝とても追討の宣旨を全く無視していたわけではなく、躊躇していた。しかし続々と集まって士気のあがる軍勢を見て、保元の乱で戦った武家の古老である大庭《おおば》景能《かげよし》を召して、どうしたらよいかと問うと、景能は、「軍中、将軍の令を聞き、天子の詔を聞かず」という古事を引き、また泰衡は累代の御家人の遺跡を継ぐ者であり、綸旨がなくとも治罰を加えるべきだ、と答えたので、追討の宣旨なくして出発することを決意したという。

こうして頼朝は大手・東海道・北陸道軍の三手に軍勢を分かち、攻め下ることと定めると、自らは七月十九日に大手軍を率いて奥州に進軍したのである。八月九日に最初の奥州軍の防衛ラインである陸奥国伊達郡の阿津賀志山を突破すると、八月十四日には次の防衛ラインである玉造郡の多加波々《たかはは》城を攻略し、二十二日には平泉に到着している。しかしその時には泰衡はすでに平泉館に火を放って北へ逃れていた。そこでさらに追撃すると、九月三日に比内郡の贄柵《にえのき》で泰衡は郎等の手にかかって殺害されてしまった。

勝利の報告を九月八日に記し、頼朝が京に使者を派遣したところ、その翌日に七月十九日付の泰衡追討の宣旨が頼朝の許にもたらされている。宣旨は、辺境に「雄飛」する陸奥国住人泰衡らを討つよう源頼朝に命じたもので、それに添えられた院宣には、「奥州追討の事、一旦制止せらると雖も、重ねて計ひ申さるの旨、尤も然るべきの由を仰す」とあって、一旦は追討の制止を命じたが、重ねて検討した結果、命じることになった、とある。

このままに放置すれば、頼朝の勢力が朝廷から独立して動くようになるのを法皇は警戒したのであろう。東国での頼朝の動きを聞いた法皇は、八幡太郎義家《よしいえ》のことを詠んだ次の四四四番の今様を頭に浮かべたことであろう。

鷲の住む深山には　なべての鳥は棲むものか
同じき源氏と申せども　八幡太郎は怖しや

義家に始まる武家の長者である頼朝の存在を考えて謡ったと思われる。その頼朝は平泉の僧たちに平泉にある寺や堂舎の注文を提出させて、その安堵を命じるとともに、中尊寺の大長寿院に感銘してそれに倣った寺院を鎌倉に建てることを期して鎌倉に帰っていった。

この奥州合戦は東国の王の覇権を求めた戦いであり、ここに名実ともに頼朝は東国の王となったのである。宣旨なくして追討を実施したことは、東国における幕府の正統性を広く認めさせることにもなり、またこの戦いに向けて武士を九州からも動員をしたことは、全国的な軍事権の掌握の事実を明らかにしたことになる。これまでほとんど手の出せなかった陸奥・出羽二か国を獲得した成果も大きい。閑院の造営が終わると、頼朝は八か国あった知行国のうち四か国を返上している。御家人たちには奥羽の地頭職を恩賞として分与し、ここに奥羽二国は鎌倉政権の植民地のような形で経営されるようになったのである。

上西門院の死

法皇は頼朝からの奥州追討の報を悲しみに沈みながら聞いていた。姉の上西門院《じょうさいもんいん》が文治五年四月頃から重病になっていたからで、六月十四日の祇園御霊会に法皇は新造の桟敷で見物することになっていたが急遽中止になった。この桟敷は近臣の右大将藤原兼雅《かねまさ》が土用中の造営への批判を受けながらも造ったものである。しかし看病も空しく七月二十日に上西門院は亡くなった。

この女院は法皇の一つ年上の姉で、『長秋記』『今鏡』等によれば、幼少時から並ぶもののない美貌が知られていたという。保元三年（一一五八）二月に後白河天皇の准母として皇后宮となり、同四年に院号を宣下され、永暦元年（一一六〇）二月に仁和寺の法金剛院で出家した。常に弟の法皇の動きを見守ってきており、法皇と同じく持経者ではあったが、法皇よりも経を速く読むことから、二人で常に読み合っていたという。

それだけに法皇の悲しみは深く、手厚い葬礼を行なうとともに、門戸を閉ざし、格子を下ろして十日もの間、籠る有様であった。奏事を職事が憚って奏せず、また参入しても伝奏の人がいないので、門外から空しく帰ることになり、奏事は全く停止してしまったという。八月六日になってやっと門戸が開かれ、兼実は天下の大事も何とかなったかと安堵したが、それでも八月二十四日にやっと参院するのが可能になるという状態だった。

この上西門院の死を通じて、法皇もわが死後のことをも思うようになったであろう。この数年は病気がちで、また前年の二月に源資賢《すけかた》が、六月に源定房《さだふさ》、この年二月に藤原経宗《つねむね》など、法皇に仕えてきた人々も次々に亡くなっていた。そこで頼朝に上洛を強く促し、朝家と武家との協調関係を築いて、死後に向けての体制を築こうと考えるようになった。王の政治の仕上げにいよいよ臨むことになったのである。

法皇の要請に応じて頼朝は、翌文治六年二月になって、来る十月に上洛するので、随兵以下の事を用意するようにと、諸国の御家人に触れている。これより前の文治三年四月に頼朝は京都の周辺に邸宅の建立を求めているので、このころから上洛を真剣に考えるようになっており、頼朝にとっても念願の上洛を果たすに至るわけである。

上西門院の死を通じて死を自覚したもう一人の人物に、女院に仕えたことのある西行《さいぎょう》がいた。文治二年に重源《ちょうげん》の依頼で東大寺勧進のために奥州に下った後、文治五年に上洛し、文治六年二月に亡くなっている。かつて詠んでいた次の歌のその通りであったという。

願はくは花の下にて春死なんそのきさらぎの望月のころ

頼朝が上洛する以前に、法皇にはなしておくべきことがいくつもあった。その一つは熊野参詣をすましておくことで、三月七日に出発して四月七日に帰っているが、この時に熊野の御前で詠んだのが、『玉葉和歌集』に載る次の和歌である。

忘るなよ　雲は都と隔つとも　なれて久しき熊野の月

さらに懸案になっていた伊勢神宮の遷宮を終えると、十月十九日には東大寺の大仏殿の上棟に立会い、さらに京に残っていた流人などを配流先に送ることなどをすませて、頼朝の上洛を待ち受けたのである。

頼朝の上洛

頼朝は九月十五日には上洛のための奉行人を定めると、十月三日に鎌倉を立った。道中の各地で多くの逸話を残しながら、法皇と女房丹後局に贈る馬や金、桑糸、紺絹《こんぎぬ》など大量の贈り物を携えて十一月七日に入京している。丹後に特別に贈り物をしているのは、文治元年以後、丹後が法皇の近くにあって奏聞を取り次いでおり、法皇への影響力が大きくなっていたからである。

文治二年閏七月六日に、法皇は奏聞した内容は丹後にも知らせるように命じている。「近日、偏へに彼の女房の最なり」とあるように、丹後の意向が法皇の意思に大きくかかわっていたためである。文治三年二月二十日に丹後を従三位に叙したが、この時、兼実は丹後を「法皇の愛妾、故業房の妻、卑賤の者」と記し、殊なる寵の無双は唐の楊貴妃に比せられるもの、と評している。

入洛した頼朝は、法皇が河原で見物する前を、「三騎三騎ナラベテ、武士ウタセテ、我ヨリ先ニタシカニ七百騎アリケリ。後ニ三百騎ハウチコミテアリケリ。紺アヲニウチ水干ニ夏毛ノムカバキマコトニトヲ白クテ、黒キ馬ニゾノリタリケル」とあるように、三騎ずつ並んで千騎もの行列を組み、六波羅に建てられた邸宅に入った。そして十一月九日に法皇と面会し、「理世の沙汰」について語り合っている。

頼朝は法皇に「ワガ朝家ノタメ、君ノ御事ヲ私ナク身ニカヘテ思候」と語り、その証しとして、「朝家ノ事」を考える頼朝に対して批判を向ける発言を繰り返した上総広常《かずさひろつね》を「君ノ御敵」として成敗した、と述べたという(『愚管抄』)。

また頼朝は院御所の六条殿を造営したこともあって、その指図を手にして見て回ったという。法皇がその頼朝に蓮華王院の宝蔵から絵巻を取り出して見せようとしたところ、丁重に断られたとしている。『古今著聞集《ここんちょもんじゅう》』は記している。さらに法皇が勲功賞として大納言に任じようとしたが、これも辞退している。いずれも法皇の支配に屈服するものではないことの意思表示であって、頼朝の権限が官職に伴うものではないことを示したかったのであろう。

しかし法皇は推して大納言に任じるとともに、十一月二十四日には、貴族ならば誰しもが喜ぶ右近衛大将に任じたことから、頼朝もやむなく十二月一日にその拝賀を行なったが、すぐに職を辞退している。なお頼朝は滞在中の十一月十三日に法皇に砂金八百両、鷲羽二櫃、馬百頭を進上したほか、馬十頭を天皇に、十六日には丹後に辛櫃《からびつ》二合に入った桑糸二百疋と紺の絹百疋を送っている。

頼朝は兼実に会った際、次のようなことを語ったという。今は法皇が天下を執られているので、政治は法皇に帰していて、天皇はあたかも東宮のような存在である。しかし法皇の死後には政治が天皇に帰するので、疎略には扱うことはない。兼実には、外向けには疎遠を装っているが、内実は全くそうではなく、法皇への聞こえを鑑みて疎略なようにしているのである。天下を正しく直してほしい。長生きをされ、頼朝にも運があれば、政治はきっと正しくなるであろう。今は法皇に任されているので万事に叶わないのである。

頼朝は約一か月間の滞在により、これまでに築かれてきた幕府と朝廷の関係について確認をなし、追討を理由にして獲得してきた多くの権限を平時において確保したのであるが、法皇にとっても、上洛の実現により鎌倉に本拠地を置いて東国を支配する武家を抱え込んで朝家への統合をもたらしたのである。それは治承・寿永の内乱以来の王の力を振るってきたことの到達点であった。

Ⅷ　王の死

22　君が命ぞ長からん

新たな東西の動き

兼実《かねざね》は建久二年（一一九一）に新制を二度に分けて出している。これは前年の頼朝《よりとも》の上洛を受けてのもので、保元、治承と二度にわたって新制を出してきた法皇にとっても望むところであり、それらを踏まえて建久二年の新制が出されることになった。

そのうちの三月二十二日令は十七か条からなり、保元以降の新立荘園の整理をはじめとして、私領を神人や悪僧、武勇の輩などに事寄せて特権を獲得する「寄沙汰」という行為を禁じ、また国司には、一宮や国分寺の修造を勤めさせ、国内の神人や悪僧の乱暴を排除するように求めるなど、保元以降の動きに対応して、国司が国務をきちんと行なうように求め、さらに頼朝《よりとも》にも「海陸盗賊放火」の輩の追捕《ついぶ》を命じている。

続く三月二十八日令は朝廷の官衙や京都を対象にした三十六か条からなり、神社・寺院の神事や仏事の励行、朝廷の諸官衙の勤務の励行など、服務規律にかかわる内容のものが多く、京中の整備や風俗の統制についても定めている。

この二つの新制は朝廷のその後の政治的な方向を決定づけることになったが、二つ目の新制が出された三月二十八日に、頼朝の妹婿で京都守護の役にあった一条能保《よしやす》が中納言に任じられ、さらに四月一日には続いて検非違使別当となり、能保の娘と兼実の子良経《よしつね》の婚姻も六月に整うなど、兼実は頼朝の後援を頼んで改革に臨んだのである。

そのころ、鎌倉では頼朝が朝廷の権威を翳《かざ》して、東国の武士に臨んでいった。まず正月に前右大将家政所を開設し、幕府機構の整備をはかると、改めて政所の別当に大江広元《ひろもと》を、政所令に二階堂行政《ゆきまさ》を任じるとともに、問注所執事には三善康信《みよしやすのぶ》、侍所の別当には和田義盛《よしもり》、所司に梶原景時《かげとき》を任じた。次いで頼朝への訴訟を取り次いで、頼朝の命令を執行する公事奉行人に、藤原親能《ちかよし》・俊兼《としかね》、三善康清《やすきよ》・宣衡《のぶひら》、平盛時《もりとき》、中原仲業《なかなり》、清原実俊《さねとし》といったいずれも朝廷で官途を得た人材を起用したが、彼らはそれぞれ文筆に秀でた文士であった。実俊の場合は、奥州の藤原氏に仕えていたその才能を認めて召し抱えたものである。

また、御家人にはこれまでは頼朝の花押が据えられた御判の下文で恩賞をあたえて、地頭に補任してきたが、それを政所の下文で行なうことに改め、それを順次、切り替えていった。

こうして幕府が体制を整備している最中の建久二年三月四日、鎌倉の小町大路から出火した炎が、北条義時《よしとき》らの御家人数十人の屋敷を燃やしたばかりか、鶴岡八幡宮へと燃え移って、若宮の神殿や廻廊・経所などを炎上させ、幕府の御所をも焼き尽くしてしまった。頼朝はその二日後に鶴岡に行き、残った礎石を拝んで涙を流し、別当の坊に行き、新たに造営する指示を出している。

四月三日に幕府御所の再建の事始めが行なわれ、鶴岡八幡宮には改めて八幡大菩薩を上宮として勧請《かんじょう》し、従来の若宮とあわせて武家の宗廟として整備していった。もともと八幡宮は由比浜に鎮座していた。先祖の源頼義《よりよし》が康平六年（一〇六三）八月に潜かに京都の男山に鎮座する八幡を勧請して社殿を由比郷に建てたことに始まるもので、頼朝は鎌倉に入るにあたってそれを浜から遷したのであるが、実はその時に遷されたのは同じく八幡でも若宮であった。その若宮を詠んだのが次の二四二番歌である。

神の家の小公達は　八幡の若宮　熊野の若王子・子守《こもり》御前
日吉には山王・十禅師　賀茂には片岡　貴船の大明神

各地に生まれた神の子を列挙した歌である。これら若宮は十、十一世紀になって飢饉や疫病が流行するなか、旧来の神社の境内に生まれ、衆生を救う存在として崇められるようになった神であり、源頼義のような武士や民衆から篤い信仰が寄せられてきていた。その若宮の信仰とともに、さらに八幡大菩薩を勧請したことにより、幕府は朝廷と並ぶ存在となったのである。

この大火後の鶴岡の若宮八幡の新たな整備とともに、鎌倉の都市改造も行なわれていった。御所の東北には奥州合戦で亡くなった人々の鎮魂のために永福寺《ようふくじ》が建立され、鎌倉中の道が広げられるなど、大火後のインフラ整備もなされ、鎌倉の地と幕府とはいっそうの発展を示すことになった。

多くの障害

建久二年四月になると、朝幕関係を揺るがすような事件が起きた。近江の佐々木定重《さだしげ》が日吉社《ひえ》の宮仕らを刃傷したため、その父で近江の守護の定綱《さだつな》が近江に下ったことから、延暦寺が定綱父子の罪科を訴えてきたのである。

大衆は使者を鎌倉に派遣して訴えるかたわら、朝廷にも訴えた。五月三日に頼朝は、乱逆が生じた時には官兵が朝家を守るものであり、それを行なった武士を咎めてはならない、と朝廷に訴えたが、それより前の四月二十六日に定綱の流罪が決まっており、「前右大将源朝臣（頼朝）ならびに京畿諸国所部の官人に仰せ、宜しくその身を搦め進むべし」という宣旨が出されていた。朝廷は延暦寺の大衆の強訴におされ、遠流の罪に処することを決定し、新制に沿って頼朝に追捕を命じていたのである。

頼朝は窮地においこまれ、やむなく「家業を継ぎ、朝家を守る」ことを強調したうえで追認したのだが、はしなくも幕府が近江の守護を保護することさえできないという問題点を露呈することになった。そこでこの事件を踏まえ、頼朝は幕府の体制をさらに整えるべく、広く西国の武士のなかで御家人を希望する者を募って、その名簿を守護に提出させ、皇居の大番役を勤めさせることとした。こうして守護の職権は謀叛・殺害人の追捕と大番催促の三か条として定着することになった。

新制を定め、朝廷にあって力を振るい始めたかに見えた兼実にも、いくつかの障害が生まれていた。その一つが丹後局の動きである。丹後局の産んだ女宮には、文治五年（一一八九）十二月五日に親王と准后の宣旨が下されていたが、建久二年六月二十六日には院号の宣下により宣陽門院《せんようもんいん》となるとともに、丹後も従二位に叙された。丹後の存在が大きくなっていたうえでの院号宣下について、兼実は、后にもならずに院号があたえられたのはこれが初めてであると批判的であった。

そのうえ中納言源通親《みちちか》が宣陽門院の執事別当になったことにもすこぶる警戒を示していた。というのも通親は文治二年十一月に法皇から禁中の雑事の奉行を命じられて以来、法皇に急接近していたからである。文治五年十月十五日に法皇が四天王寺から帰京する途中で通親の久我邸宅に立ち寄った際、通親は多くの進物を贈っており、翌月の内親王の宣下では通親が勅別当になっていたのである。

しかも通親はこの四月に幕府政所別当の大江広元と結びついて、広元を検非違使や明法博士に任じるように働きかけて実現させたばかりか、七月に検非違使別当になると、院宣と称して京中の夜行を実施するなど、急速に力を伸ばしていた。

広元は、子をその通親の猶子となし、法皇の近臣である若狭守藤原範綱《のりつな》とは密に連絡をとっていた。藤原親能《ちかよし》らとともに法住寺殿《ほうじゅうじ》の修造を進め、四月に検非違使となり、四月二十日の賀茂祭には大夫尉として院の馬を賜って、大江公朝《きんとも》・源季国《すえくに》・橘定康《さだやす》らの検非違使を率いて行列に加わっている。源義経《よしつね》を彷彿させるこの動きに、頼朝は不快を示し、官職の辞退を求めて鎌倉に戻させたこともあった。兼実にとっても厄介な事態であった。

七月十七日、兼実の家司が法皇を呪詛した、という落書があったと、丹後から兼実に示され、兼実は大汗をかき弁明にこれつとめている。その落書には「通親・定長《さだなが》・基親《もとちか》らの卿は非常の者なり」とあり、兼実が日頃から警戒していた人物の名が書かれていただけに、困惑したのである。

このころから兼実は法皇との関係に気を病むようになる。十一月五日に、法皇から兼実に対して丹後の子教成《のりなり》を少将に、一条能保の子高能《たかよし》を中将に任じることへの打診があった際、兼実は二人を評価していなかったので、色よい返答をしなかったところ、法皇の逆鱗に触れてしまい、日記に「無権の執政」と自嘲している。信西《しんぜい》が後白河を諫めるため長恨歌の絵巻を作成したという記事はこの日の最後に載せられたものである。

法皇の病

建久二年（一一九一）十一月九日に後鳥羽天皇の八十島祭《やそしままつり》の発遣《はっけん》があって、天皇の乳母の大納言三位（一条能保の娘）が法皇の廂車《ひさしぐるま》に乗って向かい、続いて十二月十六日に法皇は六条殿御所から新造なった東山南殿（法住寺殿）に移ったが、この時にも、頼朝は法皇と丹後局に莫大な贈り物

赤間神宮の水天門

を行なっており、頼朝と丹後局との間の急接近に兼実は気をもむことになった。
その翌日に兼実が摂政から関白に転じ、天皇が自立する体制が整えられたが、それと時を同じくして、法皇は閏十二月中旬のころから痢病と不食の病が重なって重病に陥った。その病状を法皇の傍にいて看病する丹後局や近臣の経房《つねふさ》から聞いた兼実は、十四日に法皇の病状を案じて、崇徳院と安徳天皇の崩御の場に一堂を建立して菩提を弔うよう法皇に勧めている。
こうして十六日に崇徳・安徳の「両怨霊」のことが公卿に諮問され、二十二日の議定で安徳天皇のために一堂を建立することが定まり、二十九日に宣下されている。
この結果、建てられたのが長門の阿弥陀《あみだ》寺（現在の赤間《あかま》神宮）であるが、その重病に陥った年末に法皇が詠んだ和歌が『新古今和歌集』所収の次の一五八一番である。

御なやみおもくならせ給て　雪の朝に

露の命消えなましかばかくばかりふる白雪をながめましやは

もうこの時には死を覚悟していたのであろう。翌建久三年正月、病の法皇の近くに仕えていた人々は次の一二番歌を謡って、法皇の長明を祈ったものと思われる。

新年春来れば　門に松こそ立てりけれ
松は祝ひの物なれば　君が命ぞ長からん

正月十二日には源通親を使者として伊勢神宮に派遣して御悩祈願を行ない、十七日には六条殿で孔雀経法《くじゃくきょうほう》を修するなど、神仏への祈願が頻繁に行なわれた。法皇の重病の報を聞いた頼朝も、前年末の二十七日から潔斎して祈請や法華経の読誦を行なっており、二月四日には大江広元を上洛させ、秘蔵の鳩作の剣を石清水八幡宮に寄せて祈禱させている。

こうした周囲の祈りもあって、法皇の病気はやや持ち直したのだが、小康もつかの間、二月十八日になると、法皇はもはや存命し難いということが明らかになり、後鳥羽天皇が法皇宮（六条西洞院亭）に行幸している。最期のお別れである。法皇が父鳥羽院の死に際して対面できなかったことから、予め対面の場が設けられたのである。

数刻の御対面があった後に小御遊が行なわれ、天皇が笛を吹き、女房の安芸が箏を弾くなか、法皇は藤原親能・教成等と今様を謡ったという。最後まで今様好きな王であった。『口伝集《くでんしゅう》』に法皇は次のような自らの生涯の回想を記している。

我が身五十余年を過し、夢の如し幻の如し。既に半ばは過にたり。今は万をなげ捨てて、往生極楽を望まむと思ふ。

この時には、そう書いたことを身にしみて実感したことであろう。天皇が最後の対面を終えて帰った後、「丹二品栄子《えいし》」（丹後局）が法皇の使者としてその遺言を兼実に伝えている。白川御堂や蓮華王院、法華堂、鳥羽、法住寺、新日吉、今熊野、最勝光院、後院領の神崎・豊原・会賀・福地などはすべて天皇の沙汰とされたほか、法皇の宮たちには散在所領が譲られた。鳥羽院の時には、すべての処分が美福門院《びふくもんいん》に任され、その崩後に女院から後白河天皇に分けられたことがあったので、心配していた兼実であったが、法皇はその点を顧慮して予め処分したのであり、行き届いたものとして、その「御処分の体たらく、誠に穏便なり」と高く評価している。

また法皇は、すでに建久二年十月に膨大な所領や荘園を長講堂に寄進するとともに、翌年正月に五か条から成る「長講堂起請」を記し、仏法興隆のための条規を定めており、それには院近臣たちが連署して条規を守ることを誓っている。その荘園の数は四十二か国、八十九か所にも及んでいた。この時には新熊野社についても同じく院近臣たちが連署してその興隆を誓っており、法皇は院領についてその後の経営方針も定めていたのである。

23　最後に必ず迎へ給へ

法皇の最期

建久三年（一一九二）三月十三日の寅刻、法皇は六条殿御所で六十六歳の生涯を閉じた。兼実は法皇について、「鳥羽院の第四皇子、御母は待賢門院《たいけんもんいん》、二条・高倉両院の父、六条・先帝（安徳）・当今（後鳥羽）三帝の祖、保元以来四十余年、天下を治め、寛仁《かんじん》性を稟《う》け、慈悲世に行ふ。仏教の徳に帰依すること、殆ど梁の武帝より甚し」と、その治世を振り返って評価するかたわら、ただ「延喜・天暦の古風（古きしきたり）」を忘れてしまったことを恨めしく思う、とも記している。

前年の初冬から病が始まり、次第に病状が悪化してついにお亡くなりになったのだが、このことで天下は皆愁えている。なかでも朝夕、法皇に仕えてその徳に預かっていた人々はなおさらのことであろう。海内《かいだい》は悉く傷んでいる。なかでも名利の恩を蒙ってきた人々には著しいであろう。

このように多分に皮肉をこめつつ書き、そして右大臣藤原兼雅《かねまさ》から臨終の様子を聞いて次のように記している。

臨終に際しては善知識《ぜんちしき》に上人本成房湛敬《たんけい》が召され、仁和寺宮守覚《しゆかく》法親王や勝賢《しようけん》僧正がひかえるなか、「十念具足、臨終正念、面を西方に向け、手に定印を結んで」おられたので、決定往生は全く疑いないであろう。後に聞いたところでは、法皇は西方に向かずに、巽方に向いており、また頗る微笑していたが、これは生天《しようてん》の相であるという。兼実らしく別の見方も記している。

慈円《じえん》は、「マヘノ年ヨリ御ヤマイアリテ、スコシヨロシクナラセ給フナドキコヘナガラ、大腹水セウト云御悩ニテ、御閉眼ノ前日マデ、御足ナドハスクミナガラ、長日護摩御退転ナクコソヲコナハセヲハシマシケリ」と、死ぬ直前まで長日の護摩を焚いており、亡くなる前に天下のことを天皇に指示しておかれた、と記している。法皇は出家前から袈裟を着て護摩を焚くなど仏道に心を染め、出家後にはいよいよ行を積んで法華経を読む持経者《じきようじや》となり、舞や猿楽を特に好んでいた、とも記す。法皇が最後に謡った今様が何であったか。明らかではないが、次の二三六番歌は必ず謡ったであろう。

我等が心に隙もなく　弥陀の浄土を願ふかな
輪廻の罪こそ重くとも　最後に必ず迎へ給へ

兼実の伴をしていた藤原定家《さだいえ》は、父俊成《としなり》から法皇の御臨終の儀には全く違乱がなく、戌時ほどに御仏を渡され、その後に御念仏して眠るがごとくの最後であった、と聞いている。おしなべて法皇は極楽に往生したと認識されたのである。

葬儀にあたっては、天皇が亡くなった際は諒闇《りょうあん》として喪に服し、固関《こげん》や諸社の祭礼が停止されることとされていたが、これに該当するかどうかが議された。その結果、法皇は国を伝えてきており、その法皇の恩を謝する意味からも、また天皇が法皇の嫡孫であることからも、諒闇とされた。

葬送の執行

遺体の入棺は、信西《しんぜい》の子である澄憲《ちょうけん》僧正と静賢《じょうけん》法印二人のほか、中将藤原基範《もとのり》（成範卿の男）・中将藤原親能・少将藤原教成《のりなり》（丹後二品局の息）・少将藤原忠行《ただゆき》・右馬頭源資時《すけとき》入道（故資賢大納言の子）・大膳大夫平業忠《なりただ》・藤原範綱《のりつな》入道（若狭守）・藤原能盛《よしもり》入道（周防守）らがその役に従ったが、いずれも法皇のそば近くに仕えてきた人々である。

なかでも藤原範綱は法皇の死の直前まで近くに仕え、鹿ヶ谷の陰謀、清盛《きよもり》のクーデター、義仲《よしなか》の法住寺合戦、そして頼朝による廟堂改革などによりその都度、解官《げかん》させられてきていた。能蓮《のうれん》（能盛法師）は平康頼《やすより》らとともに法皇に今様や猿楽などの芸能が認められて仕え、清盛のクーデターで解官されたことがある。

その後の経営は院庁の別当である民部卿藤原経房《つねふさ》と右中弁平棟範《むねのり》と判官代の右少弁藤原資実《すけざね》が奉行することになり、院司の公卿が集って院号を後白河院と定めた。これは法皇の業績が白河院に比されてのものであった。その二日後の三月十五日に法皇の御葬送は遺詔によって、法皇に大きな影響をあたえた待賢門院や建春門院《けんしゅんもんいん》等の例に倣って行なわれることとなった。御棺を御車に舁き入れる役を中将藤原親能以下の二日前の入棺の役人が勤め、葬送の行列は次の通りであった。

廂車に従う炬火《かがりび》は北面の下臈である大夫尉大江公朝《きんとも》、橘定康《さだやす》、造酒正中原尚家《ひさいえ》、前大和守藤原親《ちか》盛《もり》、検非違使中原章清《のりきよ》・俊兼らが、焼香は同じく北面の下臈の左衛門尉藤原能兼《よしかね》、同実重《さねしげ》、平基保《もとやす》、同資康《すけやす》らが勤めた。大江公朝と橘定康は検非違使として法皇の命令に基づいて活動してきており、なかでも公朝は鎌倉に法皇の使者として派遣されることが多かった。その後ろには素服をあたえられた右大臣兼雅以下が歩行して従ったが、他の人は供奉しなかったという。

なお法皇の死に際して素服をあたえられた人々については、法皇に芸能などで近くに仕えてきた藤原定能《さだよし》の日記『心記』が次のように記している。

宮　殷富門院《いんぷもんいん》、宣陽門院、前斎院、前斎宮

僧　御室、天王寺法親王、聖護院法親王、仁和寺法親王、梶井法親王、持明院宮法印

女房　二位殿

仁和寺

公卿　右大臣兼雅、右大将頼実《よりざね》、下官（定能）、中納言親信《ちかのぶ》、民部卿経房、左大弁定長、高三位泰経、右京大夫季能、前大弐範能《のりよし》

殿上人　左中将親能朝臣・右中将基範朝臣・右中弁棟範・右少将教成・右少弁資実・右少将忠行・右馬頭資時入道・静賢法印

上北面　大膳大夫平業忠・藤原範綱入道・仲国《なかくに》

下北面　為保・元忠《もとただ》・成季《なりすえ》・尚家・公朝（出家）・定康（出家）・親盛（出家）・俊兼・章清・能蓮（能盛法師）・性昭《せいしょう》（康頼）

これらの人々のうち宣陽門院は法皇の遺言により六条殿の持仏堂である長講堂とそれに付属する所領をあたえられ、女房の「二位殿」丹後については三月にその所領が配分されているなど、丹後とその娘への法皇の愛情の深さが知られる。

殷富門院は以仁王の同母姉で、安徳天皇・後鳥羽天皇の准母として政治を安定する役割を担ってきた女院で、その同母妹の前斎宮が式子内親王であって、その和歌は後に後鳥羽院によって高く評価された。御室の守覚法親王も同母弟で仁和寺に入った後、真言の修法の体系化を行なうとともに、和歌にもその才能を発揮した。
こうして法皇は法住寺殿の法華堂に葬られたが、すべて一連の諸事は法皇が生存時に定め置いたものであったという。

法皇の近臣たち

法皇の死後を託された藤原経房は、そのことを聞いた歌人の寂蓮《じゃくれん》から和歌が寄せられ、歌を返している。

後白川院かくれおはして後の御事ともを、経房卿に奉行すべきよし、被仰置たる事を承及て、彼卿のもとへ申つかはしける

いつきよき心もしるし入月の　なき影をさへ君にまかせて

かへし

なきかたをみよとて月の入しより　いとど心のやみにまよひぬ

同じく院の近臣の立場にあり、法皇の治世に大きな意義を語っているのが歴史書の『六代勝事《ろくだいしょうじ》

記《き》』の作者である。法皇が「高年・高運の君」であったとして、その治世を次のように讃えている。

御賀・御逆修・高野詣・御登山、勝地・名所、叡覧をきはめ、験仏霊社臨幸を尽くし、四明には大乗戒をうけ、三井には密教をならひ、東大寺は聖武製草の跡をとめて、金銅の霊像は御手を下して開眼し給ふ。

「御賀・御逆修」は安元二年（一一七六）の五十の賀と寿永二年（一一八三）の逆修、「高野詣」は嘉応元年（一一六九）の高野山詣、「御登山」は度重なる比叡山御幸、「四明には大乗戒をうけ、三井には密教をならひ」とあるのは、安元二年の比叡山での受戒と文治三年（一一八七）の伝法灌頂を、そして「御手を下して開眼」は文治元年の大仏開眼を意味する。

このような神仏との深いかかわりについて記した後、「叡心にそむきし青葉は風の前に散りはて、朝章をみだりし白波は、うたかたに消にし」と語り、法皇にそむいた青葉（木曾義仲）や朝家を乱した白波（平氏）を退けて、法皇が平和をもたらしたことを指摘してその功績を讃え、さらにその死についてこう述べる。

分段の秋の霧、玉体ををかして、無常の春、花のすがたをさそひき。往生極楽は朝夕の御のぞみなりければ、臨終正念みだれず、瑜伽振鈴《ゆがしんれい》のひびきは其夜をかぎり、一乗暗誦のこゑはその暁にをはりき。

この法皇の存在によって、「慈悲の恵は一天の下をはぐくみ、平等の仁は四海にながれ」たと、惜しみなく賛辞を記している。この本は応保年間（一一六一～三）に生を享けた院近臣であった著者が、貞応年間（一二二二～四）に高倉天皇から仲恭天皇までの六代の歴史をつづったものである。その書によれば、著者はかつて内裏に交わり、今はすでに出家した人物であって、保元の乱にまで遡って「勝事」を叙述したという。序では「いささか先生の徳失をのこし、をのづから後生の官学をすすめむ事」を願って、「世のため民の為にして是を記せり」と述べ、高倉天皇を「徳政千万端、詩書仁義のすたれたる道をおこし、理世安民のたえたるあとをつげり」と述べて「文王」として高く評価し、後白河院の死については記したように深い哀悼の記事を載せている。おそらく著者は両主に仕えた藤原長方《ながかた》の子長兼《ながかね》であろう。

24　風吹かぬ御世にも

朝家と武家

『六代勝事記』は次の歌をかかげて後白河法皇の治世を偲んでいる。

風吹かぬ御世にも猶そ思ひいる入にし月の春のおもかげ

この法皇の死とともに後鳥羽天皇の親政が始まったが、その政治を主導したのは兼実《かねざね》である。『愚管抄《ぐかんしょう》』に「殿下、鎌倉ノ将軍仰セ合ツツ、世ノ御政ハアリケリ」と見えるように、摂関の兼実と鎌倉の将軍頼朝《よりとも》とが協調しながらの政治を進めることになった。

法皇のくびきから解放された兼実は、頼朝の後援により、朝廷の公事や行事の再興に意を注いだ。『古今著聞集《ここんちょもんじゅう》』に、「建久の頃」に兼実が「公事どもをおこし行はれけるに」と始まる説話が見えているように、後世にもその公事再興のことは言い伝えられた。建久四年（一一九三）には伊勢神宮の雑務を評定する体制を整え（『百練抄《ひゃくれんしょう》』）、東寺や興福寺・東大寺の修造・造営を果たし、その後の鎌倉時代の朝家の体制はここに整えられたのである。

後鳥羽天皇（「天子摂関御影」宮内庁所蔵）

だが、その政治は必ずしも安泰とはいえなかった。後白河の遺志を継ぐ存在として大きな権威を帯びていた丹後局や、村上源氏の通親をはじめとする後鳥羽天皇の側近勢力が形成されてゆき、兼実は彼らの存在に常に気にかけてゆかねばならなかった。後鳥羽天皇は当初は兼実に政治をまかせ、祖父の法皇の影響もあって弓や相撲、蹴鞠などの芸能に心をかけていた。特に法皇の蹴鞠の技能を継承した叔父の承仁《しょうにん》法親王との交友から蹴鞠を好んでいた。

しかしやがて兼実の政治から脱け出すことを心がけるようになり、法皇が院政を行なったのに倣って譲位をはかり、院政を開始すると熊野に詣でている。法皇の影響をうけて政治を行なうようになったのである。ただ法皇が今様に力を注いだのに対して、和歌の興隆に力を注ぐようになったことが大きく違った。

法皇の今様の弟子は藤原師長《もろなが》であった。『口伝集《くでんしゅう》』に「太政大臣師長、琵琶の譜に作らむとてありし程に、後に習ひて、大曲の様は皆謡はれにき」と記され、また隆円《りゅうえん》の『文机談《ぶんきだん》』に、「諸道の奥をあまねくさぐりひろくもとめ」、「糸管のたぐひは申すにおよばず、うち物・音曲・催馬楽・風俗・らうゑい・ざうげい・声明などまでも、ながれながれ家々の説をつくしもとめさせ給」と記されているように、師長は音芸の諸説を大成し、広く音芸の世界を広げていったのだが、法皇より早くに亡くなっており、今様を大きく発展させることはなかった。

今様は法皇死後に発展することはなかったが、後鳥羽天皇はそれに代わって和歌を保護し、その世界を広げていった。藤原俊成《としなり》や源通親《みちちか》などの影響をうけて和歌の研鑽に励むうちに、熊野詣に歌人たちを連れて行き、建仁元年（一二〇一）七月二十七日には和歌所を置いて、『新古今和歌集』の撰進を藤原定家らに命じたのである。元久二年（一二〇五）三月に奏覧されたその歌集『新古今和歌集』の仮名序には、和歌は「世を治め民を和らぐる道とせり」と、人民統治の手段であることが述べられており、「みづからさだめ、てづからみがける」と、上皇自身が撰集にあたることを表明している。

法皇が自らの手で編んだ今様集『梁塵秘抄《りょうじんひしょう》』に見られる行動を継承し、『千載和歌集《せんざいわかしゅう》』によって和歌の世界が大きく広がっていったものをさらに拡大させたのである。また『口伝集』は法皇の自伝的要素が濃いことを指摘してきたが、さらに法皇は近臣たちの今様の詠みぶりをも詳しく評しており、評論的色彩も帯びていた。王がこのようなことをすることもこれまでにはなかったことで、この王による積極的な関与が近臣らの腕を向上させ、さらにこの影響を受けて、後鳥羽上皇もまた『後鳥羽院御口伝』において定家らの歌人を評したのであった。後鳥羽上皇の政治と文化は法皇のそれを継承し、発展させたものである。

いっぽう、法皇死去の報を受けた鎌倉でも、訃報を聞いた頼朝の悲歎は大きく、心中は肝胆を砕くようなものであったというが、これは「合体の儀に添ひ、君臣の礼を重んじらるに依りて」とあるように、朝廷と幕府の二つが合わさって新たな政治体制が築かれるようになった直後のことだったからである（『吾妻鏡《あずまかがみ》』）。

法皇の死とともに直ぐに頼朝は征夷大将軍に任じられている。この官職は奥州合戦に際しては必要な官職であっても、もう必要がないもので、頼朝も執心していたわけではなく、この二年後に頼朝が辞退したことからも知られるように名目的に過ぎない面があった。ただ幕府の武家としての地位と東国の王権とを象徴するものとなって、以後、幕府の首長がこの地位につくことを目指すようになった。また征夷大将軍家の政所を新たに形成し、政所下文による地頭職補任への切り替えをさらに進めてゆくのにも役立った。

新たな仏教運動

法皇は内裏や院御所に仏教信仰をもちこんで、終生、仏教を護持してきたが、その面での影響はどう及んでいったのであろうか。

法皇は南都北嶺の大衆の強訴など仏教以外の要求には強い態度で臨んで規制してきたが、鎮護国家の仏教としての顕密仏教は保護しており、また自ら法華経を読み、念仏を唱え、法皇となって受戒し、阿闍梨《あじゃり》となり、灌頂《かんじょう》を受けるなど、あらゆる作善《さぜん》に心がけ、広く作善のために「民庶」に働きかける持経や持仏などの勧進活動については支援してきた。

持経とは経を読む読経、経を書写する写経や経を経塚に埋める埋経などを行なうなど、経典そのものへの強い信仰で、持仏とは阿弥陀仏への信仰を説く念仏や、観音菩薩・地蔵菩薩・弥勒菩薩・釈迦如来それぞれの功徳を強調し、その仏に帰依し真言を唱えることで人々は救われると説く、仏そのものの功徳への信仰である。

法皇によって東大寺再建の勧進活動に起用された重源《ちょうげん》の活動は、この持経や持仏を実践したのである。重源は武士から出家し聖《ひじり》として上醍醐で修行した後、大峰や熊野・金峯山などの修験の場で修行し、大陸に渡って、帰朝すると高野山の別所を中心に勧進活動を始めた。同じころ、和歌と仏道の修行をし、高野山の蓮華乗院の造営の勧進にかかわっていたのが西行《さいぎょう》である。また摂津渡辺党の武士であった文覚《もんがく》も神護寺の造営のための勧進を開始した。この時代には広く遁世《とんせい》の聖や別所の聖たちが勧進上人となり、作善のために「民庶」に働きかけるようになっていた。

なかでも文覚は法皇に寄進を強引に迫ってついに伊豆に流されたこともあるが、治承寿永の内乱を経て法皇の信任を得ると、神護寺や東寺などの再興に力を発揮した。重源は東大寺の勧進を行なうにあたって、各地に「別所」と称される宗教施設を根拠地として設け、勧進集団を組織・動員した。巨大建造物である大仏と大仏殿・南大門の造営のために新たな技術が必要とされると、大仏様と称される建築技術を大陸から導入し、建築・土木を請け負う勧進集団に多くの技術者を組織して再建を果たしたのである。

ここに勧進による巨大寺院や寺院再興の方式が確立し、多くの寺院や公共建築の造営や再興には勧進が力を発揮するようになった。寺院の造営だけでなく、勧進上人は橋や道路、港湾の修理・造築などの公共性の高い土木事業にも精力的にかかわっていった。

同じ作善の勧めでも、法然は直接に阿弥陀仏への結縁を勧めた。比叡山に上ったものの、そこでは修行や戒律の衰退が著しいのを見て、比叡山の黒谷の別所で叡空《えいくう》に師事し「法然房源空《げんくう》」と名乗り、聖として修行を始めると、やがて念仏勧進へと進んでいった。承安五年（一一七五）に善導の『観経疏《かんぎょうしょ》』によって専修念仏の思想を確信して、念仏の教えを広めたという。

『法然上人絵伝《ほうねんしょうにんえでん》』によれば、文治四年（一一八八）八月十五日から始められた法皇の如法経供養には、先達として法然が選ばれており、九月八日に慈円《じえん》の白河住房でその写経が行なわれ始め、写経が終わった十三日に十種供養が澄憲《ちょうけん》を導師にして行なわれたという。果たしてこのときに法然が先達となったのかどうかは明らかでないが、院近臣の藤原親盛が法然の弟子となり、同じ院近臣の藤原範綱の養子となった親鸞《しんらん》が慈円に入室しているなど、法皇との間にはいくつも接点があるので、法然の活動にも法皇は大きな影響をあたえていたことであろう。

音芸の世界の広がり

法皇によって広がった音芸の世界についてはどうなったのであろうか。鎌倉末期に成った虎関師《こかんし》錬《れん》の『元亨釈書《げんこうしゃくしょ》』の第二十九巻「音芸志」には、音芸の歴史が簡潔に記されているが、そこでは後白河院の時代が大きな画期として特筆されている。

音韻をもって道を立てた四つの「家」である経師・梵唄《ぼんばい》・唱導・念仏の流れについての記述を見てゆくと、そのいずれもがこの時期に新たな展開を見せ、成立しているのである。そのうち経師とは読経の芸能を意味するが、摂関時代の道命《どうみょう》により整えられて以後、隆円、隆命、増誉《ぞうよ》、快実、明実、慶忠《けいちゅう》、能顕《のうけん》へと伝えられてきたとする。このうちの慶忠が後白河法皇の時代の人物であって、『玉葉』や『明月記《めいげつき》』には「当世の能読」「能読の逸物也」と記されている。さらに『読経口伝明鏡集』は、慶忠らの経師が後白河法皇の読経衆として編成されたと記している。

次の「梵唄」(声明《しょうみょう》)は、院政期に融通念仏を始めた良忍《りょうにん》によって大成され、この流れを継いで大原の地を中心にして広まった寺院音楽である。永仁三年(一二九五)九月に著された『野守鏡《のもりかがみ》』は、その良忍の入滅後、家寛《けかん》法印が先師の跡を継承して、声明を大成し、その書を後白河法皇に捧げたという。家寛もまた後白河院政期の記録からその活動が認められる。

「唱導」(説経)の流れについては、始まりは澄憲であったとし、治承・養和の時代に澄憲法印により家学として整えられたとする。後白河法皇がしばしば澄憲に説経を依頼したことはすでに見てきたところだが、この流れは聖覚《せいかく》に引き継がれ、安居院《あぐい》流として栄えることになった。説法を集めた『転法輪抄』には、法皇の依頼で記された講演の文章が多く載っている。

最後の念仏の芸業は「元暦・文治の間、源空法師建専念の宗を建て」と、元暦・文治の時期に源空法師(法然)が専修念仏の宗を立てて以後に始まったと記している。『愚管抄』には、法皇の近臣だった高階泰経《やすつね》に仕えていた侍が専修の行人となって安楽と称し、六時《ろくじ》礼賛《らいさん》の芸業を広めたと記されている。

こうして王の影響はその死後において多方面で大きな広がりをみせていったのであり、政治・文化の諸分野において後世に向け新しい転機をもたらしたのである。

参考文献

1　基本史料『梁塵秘抄』『梁塵秘抄口伝集』

①　小林芳規・武石彰夫校注『梁塵秘抄・閑吟集・狂言歌謡』（『新日本古典文学大系』五六）岩波書店、一九九三年。ほかに榎克朗校注『梁塵秘抄』（新潮日本古典集成）新潮社、一九七九年、佐佐木信綱校訂『新訂梁塵秘抄』（岩波文庫）など多数ある。

②『梁塵秘抄口伝集』は巻一の冒頭の今様の起源を語った部分と、巻十の全部がほぼ残されていて、巻二から巻九までを欠く。注釈書に馬場光子訳注『梁塵秘抄口伝集』講談社、二〇一〇年がある。

巻十の序において、神楽歌から「田歌に至るまで記し了ぬ」と述べ、さらに様々な歌謡の「故事を記し了りて、九巻を撰び畢りぬ」と記しているので、巻九までは様々な歌とその故事を記したものとわかる。そして巻十には、後白河自身が今様にいかにかかわってきたのかを記しているので、そこから『梁塵秘抄』とその『口伝集』の成立過程がうかがえる。巻十を段落に分けてその内容を見てゆくと次のようになる。

序　故事を記して九巻を選んだが、それは源俊頼の髄脳に倣ってのこと。
一段　十余歳から今様を好み始め、六十の春秋を過ごしたこと。
二段　久安元年（一一四五）の待賢門院の死後、今様を広く求めて謡ったこと。
三段　保元二年（一一五七）から今様を乙前に習ったこと。
四段　九月の法住寺殿での今様の談義と乙前との交流の様。
五段　今様の同好者である平信忠・源仲頼などの評。
六段　永暦元年（一一六〇）の熊野詣。
七段　応保二年（一一六二）の熊野詣。
八段　仁安四年（一一六九）正月の熊野詣。
九段　仁安四年二月の賀茂詣。
十段　承安四年（一一七四）の安芸厳島詣。
十一段　治承二年（一一七八）の石清水八幡詣。
十二段　神社詣と示験。
結び　今様の効能。
追加　源資時・藤原師長への今様伝授。

十二段に結びや追加などからなっており、若い時からの今様へのかかわりを年代順に記している。そこで本書ではそれぞれの時期に注目して考えたわけである。ただこれらは一挙に書かれたものではなく、一段の末尾には「六十の春秋を過しにき」と記されているので、これは後白河が六十歳になった文治二年（一一八六）以降の記事とみられ、結びでは「我が身五十余年を過し」と記しているので、この部分は後白河が五十歳余の治承年間の記事ということになる。さらに結びの次には「嘉応元年三月中旬の比、此等を記し畢りぬ。漸々撰びしかば、初けん程は憶えず」という記事も見える。口伝という性格からして、何度か追加や削除が行われた結果、このような姿になったのであろう。そう考えると、その成立にとって重要な時期は、嘉応元年（一一六九）、続いて治承年間、さらに文治年間ということになる。

③　研究文献、

小西甚一『梁塵秘抄考』三省堂　一九四一年
五味文彦『梁塵秘抄のうたと絵』文春新書　二〇〇二年
同『中世社会史料論』校倉書房　二〇〇六年
植木朝子『梁塵秘抄の世界』角川学芸出版　二〇〇九年

2　記録

①『玉葉』明治書院

九条兼実の日記。兼実は摂関の藤原忠通の晩年の子で、邸宅法性寺殿を継承し、摂関を志して研鑽をつみ、後白河院を傍近く見て、常に徳政の必要を主張した。治承・寿永の内乱期を不遇のままに過したが、ついに鎌倉幕府を樹立した源頼朝の後援を得て、摂政となった。その日記は詳細で、平治の乱後から後白河院の亡くなる建久三年、さらにそれ以後まであって、当該期の政治を知るうえでの基本史料である。

②『中右記』増補史料大成

右大臣藤原宗忠の日記。宗忠は白河院と摂関家に仕え、白河・鳥羽院政に深くかかわって、詳細な日記を残した。

③『本朝世紀』新訂増補国史大系

藤原信西の編になる国史。鳥羽院政期の分について残されている。

④『兵範記』増補史料大成

平信範の日記。信範は摂関家の近衛家に仕えた関係から、摂関家の内部事情に詳しく、保元の乱や平治の乱後の政治情勢をよく記している。

⑤『山槐記』増補史料大成
藤原忠親の日記。後白河院とも、また平氏とも良好な関係にあった貴族の日記。
⑥『吉記』高橋秀樹校注『新訂吉記』和泉書院　二〇〇二年
藤原経房の日記。朝廷の実務を担って、後白河院の近くに仕えた関係から、治承・寿永の内乱期を挟んだ時期の後白河院の動きを知るうえでの絶好の記録である。
⑦『百練抄』新訂増補国史大系
鎌倉後期に各種の記録を用いて編纂された歴史書。藤原経房ら勧修寺流の子孫の手になり、諸種の記録を補うのに有効である。
⑧『吾妻鏡』新訂増補国史大系
鎌倉後期に編纂された鎌倉幕府の歴史書。幕府に仕えた奉行人の手になる。五味文彦・本郷和人編『現代語訳吾妻鏡』（吉川弘文館　二〇〇八年から）に現代語訳があり、その性格については、五味文彦『増補吾妻鏡の方法』（吉川弘文館　二〇〇〇年）を参照。

3　文書

①竹内理三編『平安遺文』東京堂出版
②同編『鎌倉遺文』同

「高野山文書」「石清水文書」「厳島文書」などの基本的な文書は以上の二つの遺文に収録されている。

4　文学作品

①『今鏡』講談社学術文庫
美福門院に仕えた藤原為経が著した仮名文の歴史書。源氏・藤原氏など氏の流れを中心に綴っており、後白河院政期に成立する。
②『保元物語』新日本古典文学大系
③『平治物語』新日本古典文学大系
保元・平治の乱の歴史を描いた軍記物語。
④『平家物語』新日本古典文学大系
⑤『延慶本平家物語』勉誠社
⑥『源平盛衰記』
平家の盛衰を描いた軍記物語で、多くの説話や文書などの記事を収めた延慶本や源平盛衰記などの異本が存在し、それぞれ独自な記事がある。
⑦『古事談』新日本古典文学大系

⑧『続古事談』　新日本古典文学大系
鎌倉時代の初期に編まれた説話集。源顕兼の著したのが『古事談』、それに続く『続古事談』は藤原長方の子長兼の著作とみられる。
⑨『愚管抄』　日本古典文学大系
摂関家の藤原忠通の子で、九条兼実の弟慈円が著した歴史書。慈円が生きた保元から承久の乱にいたるまでの歴史は特に詳細で、多くの聞き取りや情報を探って記した記事には、時に誤りもあるが、兼実の『玉葉』と並んで重視される。
⑩『古今著聞集』　日本古典文学大系
鎌倉時代の中期に橘成季が著した説話集。日記や記録などから成る諸種の説話を分類し収録したもので、いくつかの説話は典拠が知られ、比較的信頼できる史料である。

5　絵巻物

『年中行事絵巻』　絵巻物大成　中央公論新社
『伴大納言絵詞』　同
『後三年合戦絵巻』　同

6 研究書

新間進一『歌謡史の研究　その一』至文堂　一九四七年
安田元久『後白河上皇』吉川弘文館〈人物叢書〉一九八六年
橋本義彦『藤原頼長』吉川弘文館〈人物叢書〉一九六四年
古代学協会編『後白河院　動乱期の天皇』吉川弘文館　一九九三年
棚橋光男『後白河法皇』講談社選書メチエ　一九九五年
高橋昌明『清盛以前』平凡社選書　一九八四年
河内祥輔『頼朝の時代』平凡社　一九九〇年
下郡剛『後白河院政の研究』吉川弘文館　一九九九年
河内祥輔『保元・平治の乱』吉川弘文館　二〇〇二年
中村文『後白河院時代歌人伝の研究』笠間書院　二〇〇六年
高橋昌明『平清盛　福原の夢』講談社　二〇〇七年
植木朝子『梁塵秘抄の世界』角川選書　二〇〇九年
遠藤基郎『後白河上皇』山川出版社　二〇一一年

7　五味関係著作

『院政期社会の研究』山川出版社　一九八四年
『平家物語、史と説話』平凡社　一九八七年
『大仏再建』講談社　一九九五年
「後白河法皇の実像」古代学協会編『後白河院　動乱期の天皇』所収（前掲）
『平清盛』吉川弘文館　一九九九年
『梁塵秘抄のうたと絵』文春新書　二〇〇二年
『書物の中世史』みすず書房　二〇〇三年
『源義経』岩波新書　二〇〇四年
『王の記憶』新人物往来社　二〇〇七年
『躍動する中世』（全集日本の歴史5）小学館　二〇〇八年
「後白河上皇と『平家物語』」ＤＶＤ版『原典　平家物語』冊子　はごろも　二〇〇七年

後白河院年譜

和暦	西暦	年齢	事項
大治二年	一一二七	1歳	9・11 誕生。11・14 雅仁親王宣下
四年	一一二九	3歳	7・7 白河法皇死去、鳥羽院政
長承元年	一一三二	6歳	3・13 平忠盛、内の昇殿。この年から諸国飢饉
保延三年	一一三七	11歳	12・25 御書始
五年	一一三九	13歳	12・27 元服、二品
永治元年	一一四一	14歳	12・7 崇徳退位、近衛即位
康治二年	一一四三	17歳	6・17 皇子守仁誕生
久安元年	一一四五	19歳	8・22 母待賢門院死去
久寿二年	一一五五	29歳	7・24 践祚、皇太子守仁
保元元年	一一五六	30歳	7・2 鳥羽院死去。7・11 保元の乱。
			7・23 崇徳院配流。閏9・11 保元の新制
二年	一一五七	31歳	10・8 大内造営、遷幸
三年	一一五八	32歳	正月22 内宴。8・11 院政の開始
平治元年	一一五九	33歳	12・9 平治の乱

永暦元年	一一六〇	34歳	2・20 清盛に命じて藤原経宗らを追補。3・11 頼朝、配流。6・30 清盛正三位。8・5 清盛、厳島詣。10・23 熊野御幸
応保元年	一一六一	35歳	9・3 子憲仁誕生。この年、後白河院政停止、二条親政
二年	一一六二	36歳	正月27 熊野御幸（第二回）
長寛元年	一一六三	37歳	6・23 院近臣流罪
二年	一一六四	38歳	9 平家納経。12・17 蓮華王院供養
永万元年	一一六五	39歳	6・25 二条天皇譲位。7・28 二条死去
仁安元年	一一六六	40歳	7・26 摂政基実死去、基房、摂政。10・10 憲仁、皇太子。11・11 清盛、内大臣
二年	一一六七	41歳	2・11 清盛、太政大臣。5・10 重盛、諸国の山賊・海賊追討宣旨
三年	一一六八	42歳	2・11 清盛出家。2・19 高倉受禅。3・20 女御滋子、皇太后宮
嘉応元年	一一六九	43歳	3・20 福原で千僧供養。3月『梁塵秘抄』編纂。4・12 滋子、建春門院。6・17 出家
二年	一一七〇	44歳	4・20 清盛とともに受戒。5・25 奥州藤原秀衡、鎮守府将軍。9・20 福原で宋人と面会

和暦	西暦	年齢	事項
承安元年	一一七一	45歳	12・14 清盛の娘徳子入内
二年	一一七二	46歳	3・15 福原の千僧供養。9・16 宋から牒状到来
三年	一一七三	47歳	3・2 宋に返牒。10・21 最勝光院の供養
四年	一一七四	48歳	3・16 法皇厳島御幸。7・27 相撲節会。9・1 今様合
安元元年	一一七五	49歳	10・3 蓮華王院総社祭
二年	一一七六	50歳	正月30 五十賀の宴。7・8 建春門院死去
治承元年	一一七七	51歳	3・22 山門、加賀国司を訴え強訴。4・28 京都大火。 5・21 天台座主明雲配流。6・1 鹿ヶ谷の陰謀の発覚
二年	一一七八	52歳	11・12 言仁（後の安徳）誕生
三年	一一七九	53歳	5・26 重盛出家。 11・15 清盛、院政を停止し、鳥羽に幽閉される
四年	一一八〇	54歳	2・21 高倉譲位し、院政開始。3・19 高倉院、厳島御幸。 4・7 以仁王令旨。5・26 以仁王の乱鎮圧。 6・2 福原遷都。9・5 頼朝の追討宣旨。10・20 富士川の合戦。11・23 還都。12・23 南都追討

養和元年	一一八一	55歳	正月14　高倉院死去。閏2・4　清盛死去。閏2月　後白河院政再開。この年、養和飢饉
寿永元年	一一八二	56歳	3・14　諸国兵糧米徴収
二年	一一八三	57歳	2月　千載和歌集の撰集。6・1　平氏、北陸で惨敗。7・25　平氏都落ち。8・20　後鳥羽践祚。10月　東国支配宣旨。11・19　法住寺合戦
元暦元年	一一八四	58歳	正月20　木曾義仲滅亡。2・7　一の谷の戦い
文治元年	一一八五	59歳	3・24　平氏滅亡。8・28　大仏開眼供養。10・18　頼朝追討宣旨。11・25　義経追討宣旨。12・29　議奏公卿設置
二年	一一八六	60歳	3・12　九条兼実、摂政。10・8　地頭に関する官符
三年	一一八七	61歳	2・28　記録所を置く
五年	一一八九	63歳	7・19　奥州合戦
建久元年	一一九〇	64歳	11・7　頼朝上洛
二年	一一九一	65歳	3・22　建久の新制
三年	一一九二	66歳	3・13　死去

おわりに

「愚昧の王」と称され、二度も院政を停止されたうえ、武力によって四度も政治の転換を余儀なくされた後白河院は、最後には「全き王」として高く評価されてその生涯を閉じた。まことに不思議な王である。その生涯の間、多くの政治家が接近してきた。信西・清盛・義仲・義経・頼朝・兼実らであるが、院は彼らを迎え入れるとともに、時に大きな壁となってその前に立ちはだかって、そこから新たな政治世界が広がったのである。

院の生涯を探る私の試みは平清盛の生涯を考えたころに始まるが、すぐにはとりかかることができなかった。何しろ実に捉え所がなかったからである。やがて政治だけでなく文化をも見据えて考察しなければわからない、と思うに至り、院の編んだ『梁塵秘抄』を考察するうちに、しだいに今様を通じて院の生涯を探ってみようと考えるに至った。

院は今様にのめりこむなかで、今様に慰められ、助けられてその政治的人生が始まり、さらに広がっていったことがだんだんと見えてきたのである。やがてこのような状況においては、院はどんな今様を謡ったのであろうか、と考えるのが、面白くなってゆき、ついに本書が生まれるところとなった。

こうして本が生まれると、さらに次の課題も生まれてくる。後白河院を探るなかで気になった人物がいた。それは歌人の西行である。院が今様を謡って政治や文化の世界を切り開いていったのに対し、西行は遁世して和歌を詠み、院とは異なる独自な世界を開拓していったからである。しかもその生涯は院とも重なりあっている。

しかし西行を探るのには大きな壁がある。和歌を歴史学の対象としていかに料理するかという障壁である。これは何とかして乗り越えねばならない。なぜなら、そうすれば後鳥羽院につながってゆくからである。

本書が成るにあたっては、お名前はあげないが、多くの方に手助けや助言をいただいた。記して感謝したい。最後に『梁塵秘抄』から次の歌をあげておこう（三三三番）。

心の澄むものは　霞花園夜半の月　秋の野辺
上下も分かぬは恋の道　岩間を漏り来る滝の水

《ま》

《た》

人名索引

梁塵秘抄・和歌初句五字索引

五味文彦（ごみ・ふみひこ）
放送大学教授・東京大学名誉教授。1946年、山梨県生まれ。日本中世史専攻。歴史を政治・社会・宗教・芸能・文学などの幅広い視点から捉えている。著書に『書物の中世史』（みすず書房）、『日本の中世を歩く』（岩波新書）、『王の記憶』（新人物往来社）、全集日本の歴史・第5巻『躍動する中世』（小学館）、『武士と文士の中世史』（東京大学出版会）、『院政期社会の研究』、物語の舞台を歩く・第10巻『義経記』（ともに山川出版社）など多数ある。

後白河院《ごしらかわいん》——王《おう》の歌《うた》——

2011年4月10日　第1版第1刷印刷　2011年4月20日　第1版第1刷発行

著　者　五味文彦《ごみふみひこ》
発行者　野澤伸平
発行所　株式会社　山川出版社
〒101-0047　東京都千代田区内神田1-13-13
電話　03(3293)8131(営業)　03(3293)1802(編集)
http://www.yamakawa.co.jp/
振替　00120-9-43993

企画・編集　山川図書出版株式会社
印刷所　半七写真印刷工業株式会社
製本所　株式会社　ブロケード
装　幀　菊地信義

ISBN978-4-634-15014-0